図解　仕事以前の会社とお金の常識

安本隆晴

講談社＋α文庫

文庫版まえがき

本書は、単行本『数字で考えるとひとの10倍仕事が見えてくる』（講談社）をもとに、大幅に文章や図表を追加し、再構成したものである。既刊からわずか3年半が経過しただけなのに、ビジネスの世界はガラガラと音を立てながら変遷《へんせん》し、変化してきた。

よくも悪くも米国主導の流れのなかで、ネット社会の急速な進展をベースに、ビジネス全般にわたってスピード化・自由化（規制緩和）が進み、グローバルからの視点なしには事業経営が成り立たなくなってきた。最近ではそれに加えて、不正や誤謬《ごびゅう》を排除する内部統制システムをいかに効率よく構築するか、環境負荷をいかに減らすか、社会貢献をどのようにしていくか、「ローカル」のよさをいかに残すかなどの視点が増え、経営者の主たる悩み、「いかに儲《もう》けるか」は変わらないものの、解決すべき課題は増加している。それも、度重なる企業事故や不祥事・不正事件発生のつど改正される（ようにしか見えない）法律や制度改革の動きのなかで、である。

いま述べたキーワード、「スピード化」「自由化」「グローバル化」は、確実に競争社会を助長していく。正しいルールの存在する高品質な「市場」のなかでの競争ならまったく問題ないし、おおいに競争すべきだが、わが国の資本市場も労働市場もそれとはほど遠い状況にある。そんなギクシャクした競争社会のなかで起きているこれらの変化は、大企業に勤めるビジネスマンだけでなく、中堅・中小企業に勤める、あるいは個人事業を経営するすべての方々の仕事にも大きな影響を及ぼしているに違いない。

社会人１年生からベテランにいたるまで、会社や社会の中核を担《にな》うビジネスマンは、ビジネスで費やす時間がそれぞれの人生や生活の大半を占めているはず。自分の力を存分に発揮《はっき》し、それが評価され、仕事仲間のために役立ち、チームワークよくみなでやった仕事の成果が十分にあがり、適正に評価された報酬をもらうことほどうれしいことはない。自宅に戻って飲むビールはうまいと思う。

そうなるためには、いかにすべきか。仕事以前に、会社のお金と数字の常識を知ろうというわけである。本文庫がそのように役立ちうるなら、望外の喜びである。

２００６年３月21日、ワールド・ベースボール・クラシック（ＷＢＣ）で日本代表チームはキューバ代表を破り、初代チャンピオンに輝いた。その闘いぶりに日本中の人々が熱狂した。個人の力量に頼った大味な試合運びのチームが多いなかで、日本代表は真面目にコツコツと練習をし、盗塁や犠打をからませ得点をあげ、「スモールベースボール」と形容された。王監督やイチロー選手のリーダーシップのもと、選手一人ひとりが最高の技術と力を発揮し合った「チームワークの勝利」だったと思う。

仕事も同様だ。一人の力ではたいしたことはできないが、会社で大勢の人々と協働することによって、より大きな成果を勝ち取ることができる。いまは中小企業であっても、日々の努力の積み重ねで、10年後には世界一の会社になっていることもありうるのだ。

なお、本書はどこから読んでもよい。興味を持った箇所だけ読んでいただいてもけっこうだ。おそらくビジネスには、「王道」などというものはないのであろう。本書がビジネスの実戦に少しでも役立ち、自分なりの経験の足がかりや自信につながり、最終的には「自分ならこう思う」「私ならこうする」といった独自の方法論に高めていく際の一助となればよい。読者の健闘を祈る。

２００６年４月

安本《やすもと》隆晴《たかはる》

はじめに

「数字」といっても高等数学はまったく必要ない。

加減乗除さえできればけっこう。数字を使って「ビジネスに関する実態を表す方法を学び、数字がなにを語っているのかがわかるようになる、あるいは数字の限界を知るための入門書」というのが本書の狙《ねら》いである。なによりも気楽に読んでほしい。

世の中に会計や経理の本は数多いが、企業会計あるいは制度会計、財務会計あるいは管理会計、簿記《ぼき》、原価計算、設備投資の採算計算、Ｍ＆Ａ（企業の合併・買収）、環境会計などと、著者自ら垣根をつくっている（失礼！）のが実情である。実際のビジネスでは、そんな区別にはまったく関係なく、なんでもかんでも数字になって追いかけてくる。

経理では決算数字、営業は売上ノルマ、財務は資金繰《ぐ》り数字、経営企画は予算・実績比較の数字、工場の現場では生産性数字や原価管理の数字……。

「このままでは、年度末までに昨年対比で１割しかコストダウンが達成できそうもない。

いったいどうするつもりなんだ!!」
「あっ、仮払金の精算伝票に金額書くの忘れてたよ」
「君の書いた稟議《りんぎ》書に、数字の裏付け資料がないって総務から突っ返されたぞ」
こんな、数字に追われる毎日では、ビジネス生活が楽しくない。

ビジネスの現場では数字にまつわる経験、失敗談がいろいろあると思う。数字が夢に出てきたこともあるかもしれない。それらを「数字力」を身につけることで乗り越えていく。これが低迷した日本経済を救う、などと大きなことをいうつもりは毛頭ないが、ビジネス人生を少しでも積極的に生きるための〝元気の源《みなもと》〟にしてほしい。ただそれだけである。たかが数字、されど数字である。数字に追われるのではなく、数字を使いこなすことだ。

ビジネスにおける数字はただの「数」ではない。正確にいえば、人が生きて、人と出会って語らって、仕事をして、その結果の総体が数字によって表されることになる。

ビジネスでは、いまこの瞬間損をしても、じつはそれを取り返す計画がきっちり立てられていて、あとで大逆転——などということが往々にしてある。決算書が読めればいい、という単純なものではない。目先の数字だけ見て善し悪しが決まるものでもない。そのあたりのビジネスの機微《きび》を知り尽くしたうえでの「数字力」だってあるはず。

では、その数字力とはなんだろう？　それを本書で考えてみたい。

最初に、これだけは断言できる。そのちょっとした数字力を持ち合わせているかいないかが、これからのビジネス人生に雲泥《うんでい》の差となって現れる、と。

本書の読者がすべてバラ色の人生を送れるようになる、という保証はない。興味を持って本書を読み進め、理解し、それを実践に生かしてほしい。すべてはみなさんの実行力にかかっているのだ。

いよいよ本題に入るわけだが、その前に、まず次に示す「ビジネスマン数字力チェックリスト」に挑戦してほしい。あなたの現時点での数字力が見えてくることだろう。仮に点数が悪くてもがっかりすることはない。本書を読み終えたうえでもう一度試してみよう。必ずや、自分の数字力の進化を感じ取れるはずだ。

いまはまだ理解できない言葉もあるかもしれない。詳しい解説は本書の最後に載せてあるが、まずはわからないままに気にせず本文を読み進めてほしい。そのほうが、本書を読み終えてもう一度テストしたときに、自分自身の理解度が増していることを実感できるだろう。

〔ビジネスマン数字力チェックリスト〕

次の①～⑳の設問に0～5点で点数をつけてみよう。ぜんぜん当てはまらないなら0点。完璧なら5点。その中間くらいというのなら、自分で診断して1～4点をつけよう。20問分の点数を集計した合計が、あなたの評価点である。12～13ページの「数字力・総合評価」を見て診断してみよう。

①ビジネスのなかで「数字」は「お金」と同様に非常に大事なものと考えている。□点

②稟議《りんぎ》書や決裁書などの資料をつくるときは必ず、数字やお金の裏付け資料を添付するようにしている。□点

③どんなものでも評価や分析をするとき、数字化してみようと考える。□点

④なんらかの行動を起こす前には、まず計画を立てる。行動を起こしたあとに計画値と比べ、次の行動を修正するようにしている。□点

⑤問題に突き当たると、問題点を整理するために「マトリクス思考」をしてみることが多い。　□点

⑥時間は有限であるがゆえに、無駄に使いたくないと思っている。　□点

⑦コストダウンまたはローコストオペレーションは重要だが、「お金をどう有効に使うか」がより重要だと考えている。　□点

⑧資料をつくるときにはつねに合計を出す、連番管理をする、あるいは「トータルコントロール」を行うと同時に、どれが重要か優先順位を決めている。　□点

⑨行動目標を定めると、その前段階としていくつかの「マイルストーン」を数字化して決めている。あるいは、いくつかの段階に分け、それをひとつずつクリアするようにしている。　□点

⑩数字の間違いを訂正する場合、なぜそのような間違いをしたか原因を究明し、二度とミスが起こらないような予防策を必ず講ずるようにしている。　□点

⑪数字の記録を修正する場合、跡形もなく修正するのではなく、修正した過程がわかるように証拠を残しておく。　□点

⑫数字の記録は、どれが最新のものかつねにわかるようにしてある。　□点

3 5 4 3 4 2 3 5

⑬数字は説得材料になると同時に、凶器になることも理解している。□点

⑭自分の出席する会議の原価計算をやってみようと思ったことがある。あるいは、やってみて費用対効果を検討したことがある。□点

⑮自社のあらゆる部署で原価計算が必要だと考えている。□点

⑯自分の会社の基本的な損益構造を理解している。同時に問題点もわかっている。□点

⑰設備投資などについて意思決定する場合、キャッシュフローや収益の予測を、少なくとも「強気」と「弱気」の2通りの数字を用いて計算している。□点

⑱会社の決算書をある程度経営分析でき、長所と短所を他人に説明できる。□点

⑲経理マンに「交際費を使ったらその1・5倍くらいの金額を使ったと思え」といわれる意味が理解できる。□点

⑳ビジネスの世界において、数字は「絶対的なものである」とは思っていない。□点

合計点　□点

〔数字力・総合評価〕

【0〜20点】ウーム、ヤバいかも……

謹《つつし》んで「数字・お金オンチ」の称号をささげよう。これから学習すべきことが多いゆえに、大きなやりがいもある。本書を読んだあと、もう一度チェックをしてみよう。同じ点数を取らないように、全部読み通し、実践の場で奮闘努力することを祈る。

【21〜40点】まだまだこれから

消極的でちょっと暗いビジネス生活ではないだろうか。「数字夢遊病」と呼ばれないよう要注意。とりあえず普通の数字力を持てるよう努力しよう。そして、もっと数字を好きになろう。最初は嫌いなものでも、ずっとつきあうと好きになるものだ。

【41〜60点】もうひと息！

ごく普通の数字力を持った「普通のビジネスマン」かも。数字に使われず、数字を使いこなしてビジネス生活をもっとエンジョイできるようになろう。そして、現在の「普通」は、将来的にいつまでも「普通」のままでいられないことに注意。やはり、成長しつづけるための努力が必要だ。

【61～80点】目指せ！　完璧ビジネスマン

かなり積極的・前向きにビジネス生活を送っていることだろう。数字感度は使わずにおくと鈍《にぶ》くなるので、自分を厳しく律し、ますます数字力を磨くよう行動するべきだ。数字は行動してはじめてついてくる。

【81～100点】見事ビジネス殿堂入り！

よくぞ取った高得点。数字力があると自信を持っていい。だが、持ち前の数字力を振りかざし、凶器にすることのないように願いたい。「実るほど頭《こうべ》をたれる稲穂《いなほ》かな」である。

図解　仕事以前の会社とお金の常識◉目次

第3章　なぜやるの？　めんどくさい原価計算

第4章　だいたいわかる決算書

第5章　経営成績表で見抜く「わが社の正体」

終章 数字センスアップで「違い」のわかるビジネスマンに！

図解　仕事以前の会社とお金の常識

第1章　いくら稼げば一人前?

年収６４０万円の人の本当の給料

人は職種や会社を選んで就職する。採用される側も採用する側もなんらかの基準や理由で選ぶ。

個人の信念や価値基準が企業理念と合うかどうかが最初のチェックポイントであるべきなのだろうが、判断基準である労働条件の中心に位置するのはやはり「給料」だ。

経営者にとっては、少しでも利益をあげたいので、原価や経費をできるだけ抑えたい。その２つのコストの大きな部分を占めるのは「人件費」である。

人件費のなかには、社員が直接もらえる給料・賞与・諸手当だけでなく、会社が負担する社会保険料や退職金のための経費、福利厚生費、研修費などが含まれている。売上や利益への貢献度が高い人ほどそれだけ多くの人件費を費やしてもよい、と経営者は考える。つまり稼《かせ》ぎの多い人にはたくさんの給料を払ってもよいが、そうでない人には払いたくない、ということだ。

いまここに月給40万円、賞与が４ヵ月分支給される40歳の社員がいるとしよう。年収６４０万円と計算されるので、毎月に平均化すると月収約53万３０００円。健康保険・厚生

年収640万円の人には本当はいくらかかっているか?（概算）

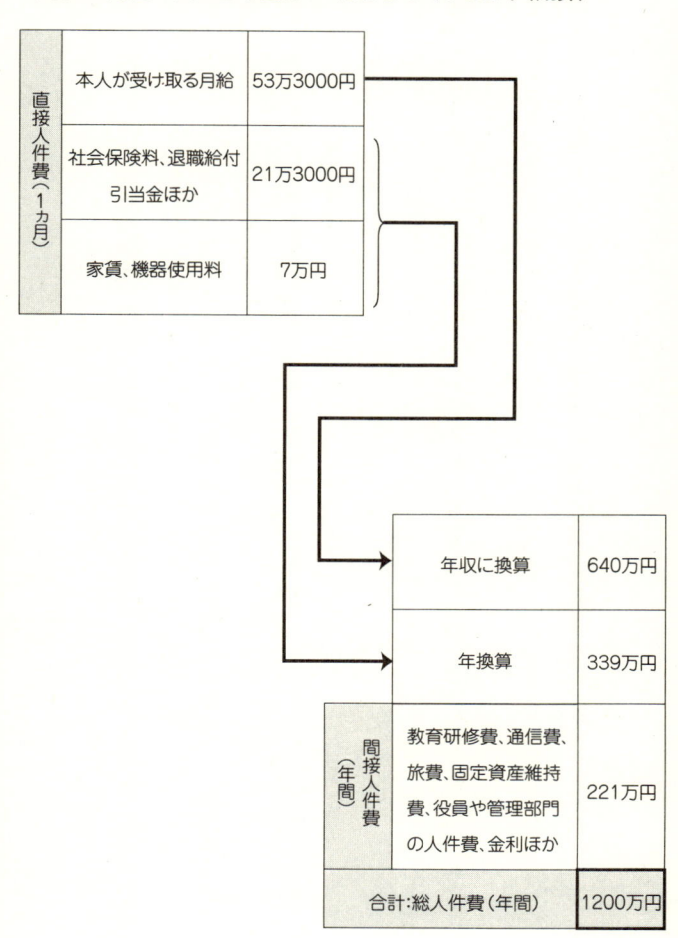

直接人件費（1カ月）	本人が受け取る月給	53万3000円
	社会保険料、退職給付引当金ほか	21万3000円
	家賃、機器使用料	7万円

	年収に換算	640万円
	年換算	339万円
間接人件費（年間）	教育研修費、通信費、旅費、固定資産維持費、役員や管理部門の人件費、金利ほか	221万円
合計:総人件費（年間）		1200万円

年金・労働保険などの会社負担分および通勤手当、福利厚生費、出張日当、退職給付のための引当金などの合計をその月収の４割（およそ21万３０００円）、その人の執務スペースを３坪、この賃料（光熱費、維持費込みで）を１坪２万円にして６万円、使用しているパソコンなどの機器の使用料を１万円として、これらを合計すると月額81万６０００円。年俸に換算すると９７９万２０００円となる。一人の社員を雇用する場合の直接人件費はこうなる。

まだある。教育研修費や通信費、旅費・交通費、固定資産などの維持費、広告宣伝費、保険料、備品消耗品費は別にかかる。もちろん、経営者や管理部門の人件費・経費、金利などの負担分もある。もっとも、「負担」しているつもりはまったくないだろうが、会社組織を維持していくためにはしかたがない。これらの間接人件費とでも呼ぶべきコストをおよそ２２１万円とする。これと先ほどの直接人件費に加えるとすると、合計はなんと１２００万円にもおよぶ。

家賃負担や保養施設などの福利厚生が充実していればもっと多額になるかもしれない。年収６４０万円の社員一人にかかるコストはこんなにも大きいのだ。

給料と成果の「分岐点」を高めよ!

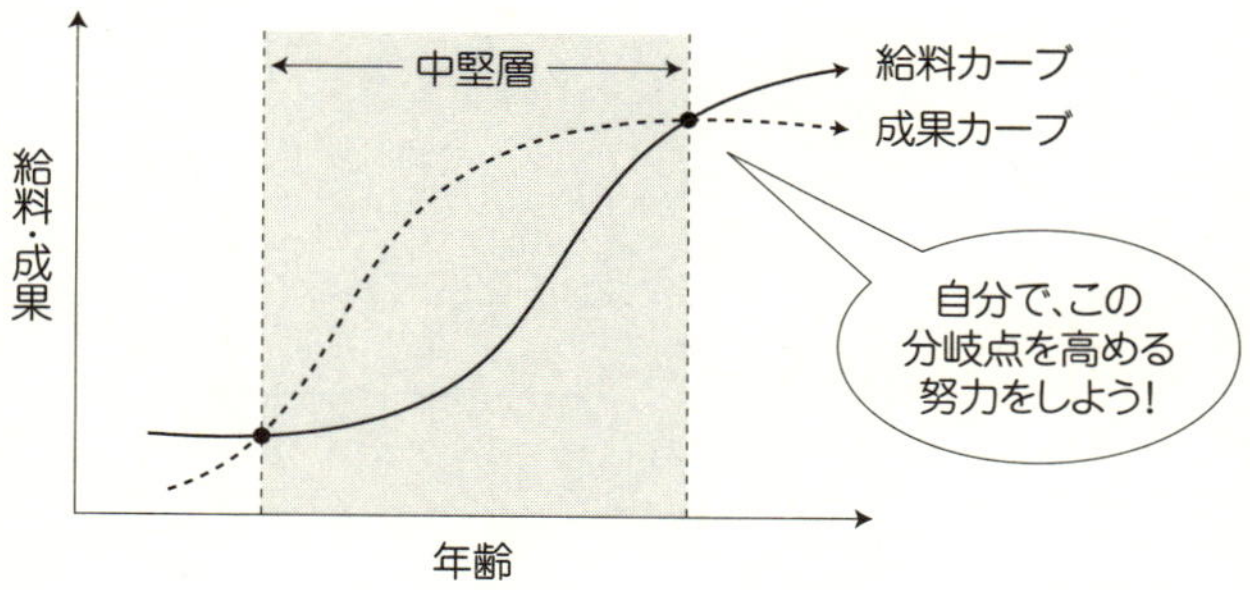

４４４４万円売り上げないと６４０万円の価値なし!?

ここで問題になるのは、この１２００万円という金額を、売上高から原価を差し引いた粗利《あらり》（売上高から仕入原価を差し引いた単純な利益。売上総利益）でまかなわなければならないということ。正確にいうと、売上高から人件費以外の原価や営業経費（総コスト）を差し引いて得た利益が人件費より多くなければ、赤字になってしまうということだ。

32ページの図表を見てほしい。仮に、売上高営業利益率（売上高で営業利益を割った比率）を10％とし、総コスト（売上原価＋営業経費）に占める総人件費（総人件費比率）の割合を30％とすると、細かい点は省略するとして、１２００万円の総人件費と営業利益

自分は給料の何倍稼いでいるか？

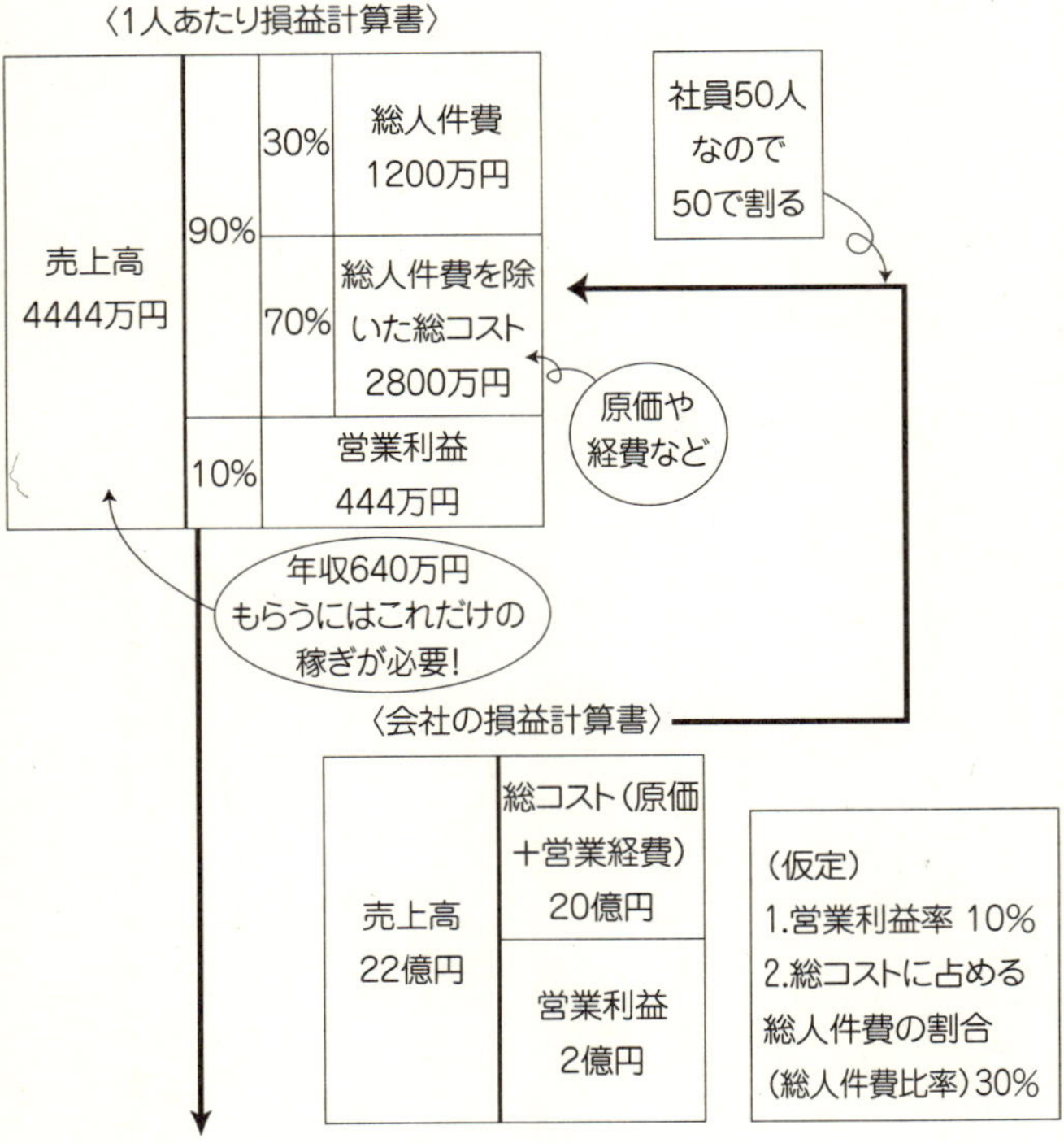

①（売上高4444万円－営業利益444万円）×総人件費比率30%＝1200万円

→あなたにはこれだけの総コストがかかっている。

②4444万円÷年収640万円≒7

→自分は給料の7倍も稼いでいるか？

仕事の成果はあがっているだろうか？

４４４万円を稼ぎ出すためには、表で示すように４４４万円の売上高が必要になるのだ。これは月商でいうと３７０万円。53万３０００円のこの社員の月収の7倍となった。この会社では「給料の7倍稼げ」ということになる。

逆に考えて、年収６４０万円のこの社員は、４４４万円の年間売上高を稼ぎ出せないと、６４０万円の価値はないことになる。会社の業種や業態によって相当な差があるだろうが（売上高営業利益率や総人件費比率は、会社ごとにまったく異なる点に注意！）、自分の「売値」を決める参考にしてほしい。

年間２３０日の実働とすると、この年俸者は日給２万７８２６円、８時間で割ると時給３４７８円、60分で割って分給58円と出る。どうやら１秒ごとに約１円の給料を支給されていることになる（34頁図表参照）。

自分に値段をつけるということは、自分が仮に経営者になったとして「自分を客観的にどう評価するか」ということに通ずる。どのような仕事ができて、どんなことが得意か、それを金額という数字に置き換えられるかどうかである。実際に個人事業主はそれをやり、売値を折衝《せっしょう》している。つねに緊張感はあるが、おもしろみもあるはずだ。

1秒に1円の給料をもらう人はいくら稼ぐ?

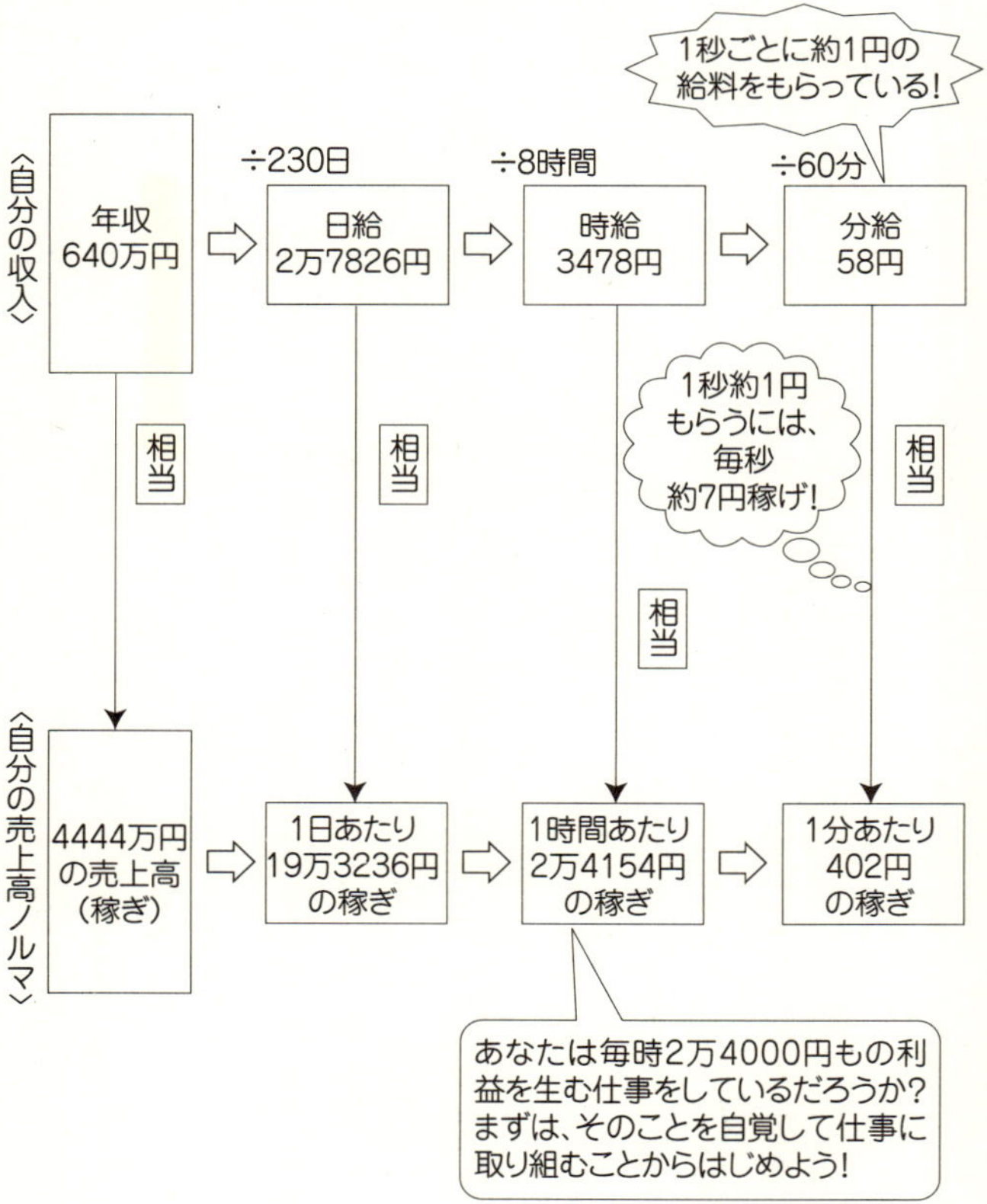
1秒ごとに約1円の
給料をもらっている!
〈自分の収入〉
年収
640万円
÷230日
日給
2万7826円
÷8時間
時給
3478円
÷60分
分給
58円
相当
相当
相当
相当
1秒約1円
もらうには、
毎秒
約7円稼げ!
〈自分の売上高ノルマ〉
4444万円
の売上高
(稼ぎ)
1日あたり
19万3236円
の稼ぎ
1時間あたり
2万4154円
の稼ぎ
1分あたり
402円
の稼ぎ
あなたは毎時2万4000円もの利
益を生む仕事をしているだろうか?
まずは、そのことを自覚して仕事に
取り組むことからはじめよう!

「なぜかうまくいく人」の習慣

古今東西、なぜかできるビジネスマンの習慣というものがある。なんのことはない、メモ、日記、業務日誌等々、「書いて残す」というプロセスを大切にすることだ。さらに、ポイントは、なんでもかんでも書き残すのではなく、それを使える方法論にまで高めているかどうかである。

きちんと記録するという行為は侮《あなど》れない。ぼくの友人に、仕事の出張時にのみ業務日誌兼金銭出納《すいとう》帳を付けている人物がいる。6～7年ほど前から付け出したが、きっかけは海外出張だったという。

行動予定の書かれた手帳に気温、天気、当日の為替《かわせ》、買い付けた商品数量や金額、食事代などの出費をメモしておいたそうだ。彼は、次回同じ場所に出張する前にたまたまその記録を見た。数字は覚えていなくとも、書いてある数字を見ただけで、仕入交渉のときの状況を思い出したそうだ。実際に出張に行き、相手先と会ったときに、「前回はこんな状況でこうだった」と切り出した。すると相手は、「こいつは手ごわそうだぞ」と対応がガラッと変わったという。

彼は、以来、ずっとその手帳を書きつづけているそうだ。出張レポートなどというおおげさなものでなく、小さなメモ帳でも威力を発揮する。重要な数字と金額と一言コメント、これで十分である。

ぼくにも経験がある。30代後半から40代前半まで業務日誌を付けていて、それをもとに『「ユニクロ」! 監査役実録』(ダイヤモンド社)という本を書いた。カジュアルウエア販売店舗のユニクロを展開しているファーストリテイリング社が店舗数を拡大していくなかで、株式公開準備作業にまつわる実話を、ぼく自身の独立開業などとオーバーラップさせながら書き連ねた。公開準備作業の記述にリアリティがあり、よく理解できたと望外の高い評価を得ることができた。やはり、日々の細かな記録が役に立ったものだ。

本を書くために記録を残していたのではなく、仕事のために残した記述がやがて1冊の本になった。日記や数字をメモすることの威力を痛感する。

数字に追われる生活を抜け出す「行動投資記録」

日々成長したいと望んでいるビジネスマンに提案したいのは、業務日誌兼金銭出納帳の発想の延長だが、「行動投資小遣い日記」なるものを付けることだ。

自分にどれだけ投資して、どれだけ成果があがっているか分析する。どれだけ時間を有効に使っているか。だれと会い、どんな情報を仕入れたか。どんな本を買い、どんな会合に出席し、だれからどんな知識を得て、教養を高め、だれと酒を飲み、娯楽を通して息抜きできたか。こんな項目が一目でわかれば、どんな形でも構わない。

たとえば、バイブルサイズの6穴式手帳、見開きの左ページは1週間単位の予定欄だとする。こちらはそのままで、右ページの8センチ幅の白紙をちょっと工夫してみる。左から3・5センチと7センチのところに縦に2本線を引く。左側幅3・5センチの欄は「行動」、真ん中の幅3・5センチの欄は「投資と小遣い」、右端の幅1センチの欄は「評価」と名づける。

「行動」欄には、どんな会合に出て、だれと会ったか、どんな場所に行き、印象深かったのはなにかについて要点のみを書く。「投資と小遣い」欄には商品・備品を買ったり、サービス費や経費を支払ったときに書く。無償であったが、十分支払いに値するサービス（役務）に出会ったら、それも記入する。「評価」欄には、毎日寝る前に一日の反省を込めて、自分の行動を冷静に分析し、○か×の単純評価（勝った、負けたでもいい）、あるいは点数でプラス2からマイナス2まで真ん中のゼロも含めた5段階評価をしてみよう。

　つづけてみて、自分なりの工夫をしてみる。１ヵ月、一年とつづけていったときに、ふり返って成長の足あとだと思えるといい。

「時間価値」は会社ごとに違う！

「時間」をどう効率よく使うか、最大限に活用するか。ぼくらビジネス人生を生きる者にとって共通の悩みだろう。

　つね日頃、経営コンサルティングや顧問などの仕事をしていて、感じることがある。会社によって、「時間の進むスピード」が違うということだ。これはけっして情報技術（ＩＴ）力の差ではない。

　仮に、ある都市に会社が１００社あるとしよう。そのなかで経営行動のいちばん遅い会社のスピードを1単位／時間とする。

　この会社では、１時間あたり1単位の仕事しかこなせない。最も速い会社は10単位／時間で、実感としては時間の速く進む会社に一年間いると、遅い会社に10年間いたのと同等になる。

満員電車のなかではまったく同じ時間を共有している人々が、会社に一歩入った途端、それぞれの会社の時計に合わせて働くことになるのである。

密度の濃い仕事ができ、じっくりと確実に前進する時計。いったい何単位／時間程度の会社がよいのか。だれにとっても適度な速さというのはないのだろうが、ビジネスマン諸氏にはスピードの見極めをつける力をつけてもらいたい。

同じ会社のなかでも、スピードが違うことがある。業務を効率化するために改革活動をする場合、大きな羽根車を回転させるときのように、最初の回転には相当な力がいると同時に「ゆっくりと」あるいは「じりじりとした」時間が流れる。改革が軌道に乗りはじめると、そんなに力がいらずスピードも速くなる。そのうち勝手に動き出し、慣性の法則が働くようになる。むろん、だからといって改革の手をゆるめてはならないが。

英語ではTime is money. といわれる。時間は貴重なものだから無駄に費やしてはならない、という意味に訳されている。その時間に遊んでいないで一生懸命働けばお金が儲《もう》かる、という戒《いまし》めに使われるが、基本的には時間の利用方法を示していることを知ってもらいたい。

「1時間」の費用対効果を高める方法

ゴールデンウィークに帰省中の同期の友人Y君と話していたら、たまたま「時間」にかかわることが話題となった。

「頭のいい人は自分で余計な仕事をつくってしまう。時間がどれだけかかろうがおかまいなしだ」彼は某省の外郭団体、いわゆる特殊法人に勤めている。同僚や部下は大学院を出た工学系の修士・博士が多く、官庁からの出向者も大勢いる。

「その仕事がたとえすばらしいものであっても、会社あるいは社会にとって役に立つか立たないかの判断からすれば、なんの役にも立たない部類に入る」という。Y君は、年齢的には管理しなければいけない立場であるとはいえ、部下が能力的に自分より優れているのがわかるとなかなか強い指示も出せないのか、多少のぼやきが入る。

ぼくは「この仕事をやればどのくらいの時間がかかり、費用対効果がプラスになるのか見当をつけてからはじめる。これが普通の民間企業、つまり利益を追求する組織に勤める人の仕事だよ」とカッコウつけて答えてみたものの、自分で余分な仕事をつくってしまう人の姿は、じつは普通の会社でもよく見られるものかもしれない。組織が肥大化し所属人員が増えるだけで、それまでなかった余計な仕事が増えることがある。放っておくと仕事が仕事をつくりだし、そのために人手不足になる。バカな話だ。定期的な仕事の棚卸《たなおろし》（その仕事が目的達成のために機能的に必要かどうか判断する）は欠かせない。

先ほどの「頭のいい人」が「できるビジネスマン」だとはとてもいえない。ビジネスとは限られた時間内に最大の成果を出すものだからだ。ビジネスにはスピードが必要。どんなにすばらしいプロジェクトが完成しても、時代がもはやそのプロジェクトを必要としていなかったら、そのプロジェクトは「無価値」だろう。

一時、成長スピードが鈍化したものの現在はまた戻りつつあり、２０１０年売上高１兆円・経常利益１５００億円をめざしているユニクロ。フリースが日本中のブームになった１９９８年から２００１年までの奇跡の大躍進（売上高は’98年８月期８３１億円が’01年８月期４１８５億円に、経常利益は同63億円が１０３２億円になった）を支えたのは、時間という数字に対する感度のよさにほかならない。顧客の購買動向を見てすぐに反応（企画・生産・販売）し、顧客の要望を即時にかなえようとするスピード感覚、これが会社名「ファーストリテイリング」つまり「速い小売り」に込められている。つねに真面目に自己改革をくり返している同社は、新しいタイプの企業にほかならないと思っている。

1時間＝50分法のすすめ

さて、少ない時間を最大限に活用しなければならないビジネスマンに提案がある。「1時間＝50分法」の活用だ。

1時間が60分というのは、あくまで他人が決めたルールでしかない。あなたが決めたものではないのだ。そこで、このルールそのものを打ち破ってみよう。「1時間を50分」と仮定して行動すると、1日に何時間余るか？……答えは２４０分。そう、4時間も余裕ができることになる。仮に会社にいる8時間だけ実践しても、80分、つまり1時間20分もの余裕時間を使える。

部長に「今日の昼前までに、あの企画書をまとめておいてくれ」と頼まれたとする。「あれはたしか、昨日、部長が自分で書くとおっしゃってたじゃないですか」と一瞬喉元まで出かかった言葉を急いで飲み込み、心中（しようがねえなあ……）とあきらめ、部長を上目《うわめ》遣《づか》いで見ながら「はい」と返事をする。

昼までにはあと2時間しかないが、これを1時間40分でやり終え、あとの20分間、この企画がボツになった場合と、ゴーサインが出た場合の、両方の次のアクションプランを練《ね》

1時間＝50分法のすすめ

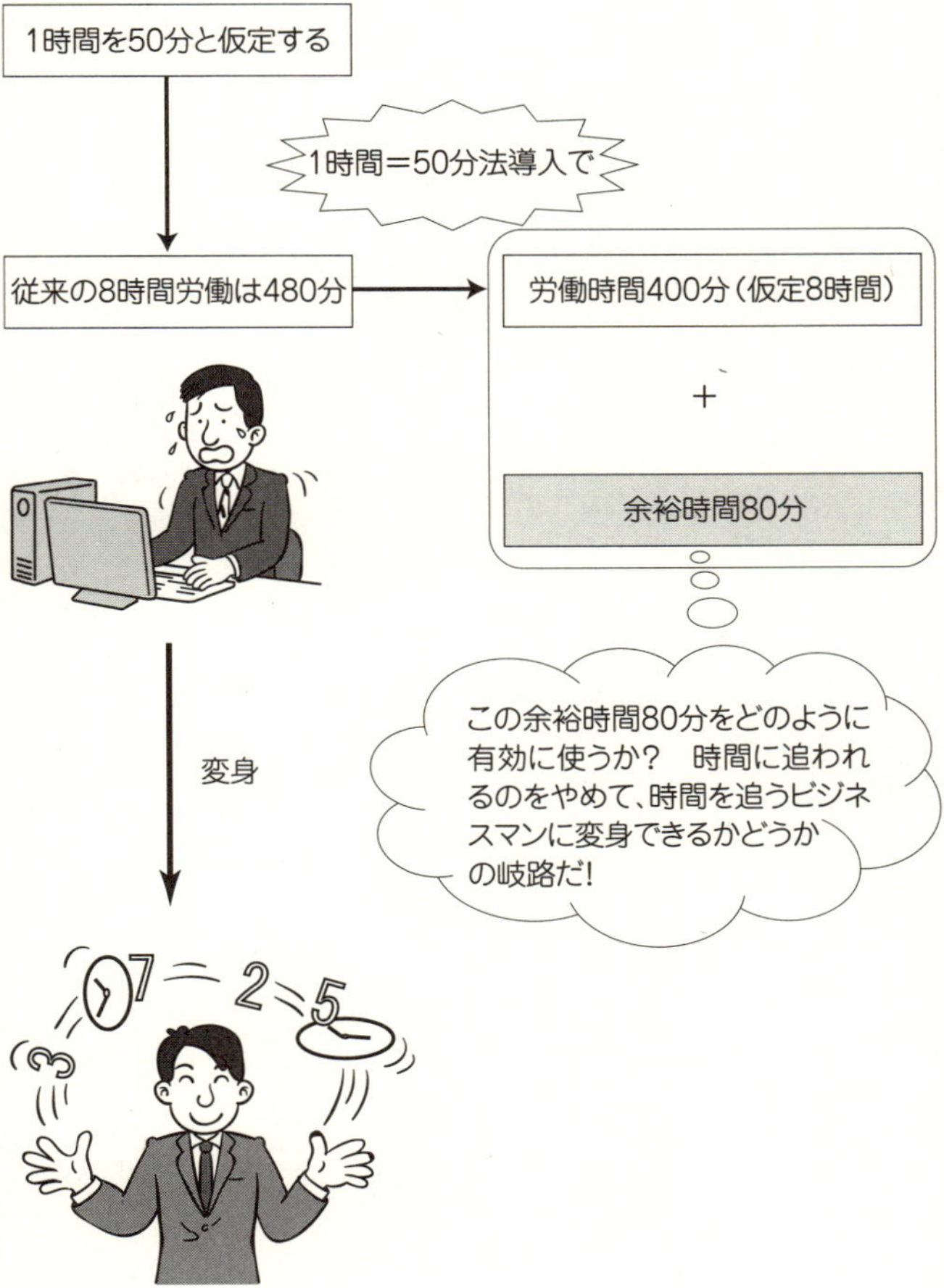
1時間を50分と仮定する
1時間＝50分法導入で
従来の8時間労働は480分
労働時間400分（仮定8時間）
＋
余裕時間80分
変身
この余裕時間80分をどのように有効に使うか？　時間に追われるのをやめて、時間を追うビジネスマンに変身できるかどうかの岐路だ！

る。「あと2時間しかない」が、「まだ2時間もある」に変わった瞬間である。

たとえば、40歳のビジネスマンが、10年間、「1時間＝50分法」を実践して生まれる余剰時間はいったいどれほどのものになるか。その時間を有意義に使い、50歳になったとき……そうでない人との差は、地位・給与・将来の期待可能性等々、明白になっていること請《う》け合いだ。

「予算」や「計画」を立てるのはなぜ?

会社で経営者が予算や計画を立てるのは「心配性だから」だし、行動して結果を出さねばならない経営者にとって、計画立案＝事前準備は他人まかせにできない重要な仕事のひとつだ。経営学や管理会計の本にはそんなふうには書かれていないだろうが、実際そのとおりだと思う。

心配性でない経営者はいない。もしいたとしたら、部下に絶大なる信頼を置くと同時に部下にも信頼されているケースか、経営にまったく無関心なケースのどちらかだろう。

後者は、本物の経営者とはいえない。経営者は不安の解消のために中期（3年程度）の経営計画を立て、一年間の経営計画、つまり予算を立てる。事業はリスクをとらないと利益は得られない。予算を航海上の海図に見立て、毎月の実績値と比較しながら進んでいくのだ。遭難してもいいや、と海図も持たずに出航するのは、危機感のない証拠である。つねに危機感を持たない会社が衰退していくことは歴史が証明している。

株式公開会社は別だが、経営計画は、そもそも会社内で使うものであり、社外に公表すべきものではないと思う。環境が千変万化《せんぺんばんか》する実務界では、計画どおり百パーセント実行するのはきわめて難しい。需要が予想より落ち込むかもしれないし、逆に爆発的に売れるかもしれない。主要原材料の原価が、為替の影響で急騰する可能性だってある。

決算内容をすぐ公表する理由

上場（株式公開）会社では、決算が固まるとただちに「決算短信」なる資料を公表するが、この短信には来期の業績予想を記載するのが普通だ。その結果、年度の途中でこの予想値（売上高や利益）と実績値が乖離《かいり》してくれば「上方修正」か「下方修正」をすることになる。

株価がこれに反応することもしばしばだ。株主や利害関係者にしてみれば、「来期以降どうなるのか」という成長性も、重要な投資、あるいは与信《よしん》（取引の信用限度額を決める）ポイントであるだけに、「来年度の予算を公表するのは当たり前」ということになるのかもしれない。今後もどうしても公表するというのであれば、「プラスマイナス30％程度は異なる可能性があります」とか、「計画値達成は確約できません」と書いてもらいたいところだ。

アメリカでは、ほとんどの会社が業績予想を公表しないと聞く。予想値が外れると株主から訴えられるからだろう。予想を発表しない代わりに四半期の決算（3ヵ月ごとの決算）を公表している。タイムリーに実績値を公表することによって株主などの利害関係者が満足するのであれば、そちらのほうが会社にとっては好都合だ。日本も最近、同じようなシステムになってきている。

東京証券取引所は、1部・2部・マザーズに上場している企業に四半期決算の開示を義務づけ、平成16年4月から開始する事業年度にかかる四半期から業績を開示している。大阪証券取引所や他の証券取引所（名古屋、福岡、札幌）、ジャスダック証券取引所（日本証券業協会）も同様の制度となった。

予算や経営計画は複数立てるもの

予算や経営計画は普通、ひとつしか立てないものだと思われがちだが、3つ立てる会社もある。

社員たちにハッパをかける意味と次のステージにブレークスルー（飛躍的進歩、または突破）させるための「大きめの目標値」としての計画。最低でもこの程度の売上は確保できるだろうという「最低ライン」の計画。その2つの真ん中のライン、すなわち落ち着きどころの計画の3つである。なかには最大値と中位値、最大値と最小値を2つ立てる会社もある。

経営者は、計画は万能ではなく、状況の変化に応じて立て直す必要があることを知っているので、年頭に立てるだけでなく、年度途中で何度か変更する会社も増えた。環境変化が速いことの表れである。

次は、予算管理のときの具体的な話だ。計画を立てて実績値と比較するだけではだめで、一歩進んでアラート管理（警戒警報を出す仕組み）が重要だ。工場ではよく行われるが、不良品が出たときにすぐに「ラインが止まる」「ランプが点滅する」「ブザーが鳴る」などの危機を知らせるための仕組みをつくることだ。

そのアラート基準をいかにつくるか。たとえば小売業で商品系のアラート基準は、部門別売上が、月次でプラスマイナス10％計画と異なっていたら、すぐに原因を分析し、対策を検討する。最近はコンピュータシステムに乗せ、週次単位で管理している企業も増えている。

売上高だけではなく、粗利や在庫高も重要な管理ポイント。店舗管理系のポイントは売上高、粗利、貢献利益、在庫高などである。ブザーやランプの役目をしっかり果たす担当者を決めることも忘れずに。たとえば品種ごとの標準在庫金額を決めておき、過大・過小のアラートを毎週、その担当者が各店舗に流して注意を呼びかけることが大事だ。

目標を達成する秘訣

どんな行為・行動にもプラン・ドゥー・チェック・アクション（plan-do-check-action＝PDCA）のサイクルが隠されている。

ましてやビジネスマンが、将来を見据《みす》え、なんらかの結果を出すために行動を起こすのだ。当然ながら目標を定め、計画を立て、実行し、計画どおりかどうかチェックし軌道修正しながら、実行を重ねることになる。このビジネスサイクルをいかに適時・適切に回していくかが重要である。

会社を設立する、ヒット商品を生み出すために異業種交流会を立ち上げる、リサイクル活動のためのＮＰＯを組織する、社会福祉グループに入って社会貢献をする、独立開業のため資格試験を受ける、輸入商を営むため語学の勉強をする……。どれも綿密な計画と何年間かの実行・努力、そして計画と実績の比較、修正行動を要する。

目標を定め計画を立てるには、その前段階としていくつかのマイルストーン（道しるべ、目印）を数字化して決めるのがよい。ホップが最初の３割、ステップが次の３割、ジャンプが最後の４割、それぞれの時期を決めておく。

大きな仕事（目標）の場合には、計画段階でいきなり完成させるまでの道のりを決めるのではなく、３段階程度に分け、それぞれの段階でＰＤＣＡサイクルを回し、それをひとつずつクリアしていくのだ。

「前年比○○%増」の指標は本当に役に立つ?

仕事の基本は「計画」を立てることにはじまる。これはどんな業界・業種・職種であろうと変わりはない。しかし、「計画」っていったいなんだろう?

単純にはすぐそこにある未来の姿を思い描くことなのだが、「過去数字」、たとえば前年度の売上高だけをベースにして立てることが多い。しかし、それではこころもとない。これからどうするかの実行指針を決めるのに、過去の数字はあくまでも参考資料であり、多くを頼ってはいけない。過去の数字にとらわれすぎると失敗することが多いのは、ビジネスマンの多くが経験していることだ。

社長が、よく通るいつもの押しの強い声で「当年度の売上高が前年と比べて15%伸びたので、来年度の予算も当年度の15%増で設定してほしい」と営業部長にいう。

当年度に売上高が伸びたのは、たまたま自分の血縁で大きな得意先が増えたという特殊な事情があったためで、「来年度は前年並みにダウンするだろう」と予測していた営業部長は、はたと困った表情を社長に向けた。社長は怪《け》訝《げん》そうな顔をして「どうしたんだね、キミが先頭に立って『来年も15%伸ばすぞ』とみんなを引っ張っていってくれないと困るんだがなあー」。

決めたからには、きっと社長はてこでも動かないだろうし、まあなんとか、ない知恵を総動員して、15%増の計画を無理やり立てるとするか。重い足取りで営業部門に戻った営業部長は、営業企画課長に告げる。「企画課全員を会議室に集めてくれ。いまから予算案の会議をするぞ」——本当にご苦労さま。

高い目標を持ち、それに向かって全社員がベクトルを同じくし、努力することの重要性も理解できる。でも、この社長はそうではなさそうだ。単純に「過去数字の○○%アップ」と決めてしまうことの短絡《たんらく》さを理解してくれないと、この先何年も営業部長は同じ苦労をすることになる。

だいたいビジネスの世界で、「過去数字」にこだわるとろくなことがない。毎年10%ずつ3年間成長できたので、来年も10%増の計画を立てて失敗し、3年前の数字に戻ってしまった会社。デフレの影響で昨年より5%ダウンする計画を立てていたが、期中でセールスミックス（売上品目構成）が大幅に変わり、死に筋商品が大化けして売れたのはよかったが、商品調達が間に合わず、大きな機会損失（仮に得ていたであろう利益が、機会を失したために仮の損失となる）を出してしまった会社といろいろある。計画を立てるのは、

「過去数字」を捨て去ってからにすべきである。

会社は実行と失敗のくり返し

計画はつまり、将来どうしたいかという「意志」であり、行動するための「仮説」でもあるのだ。

行動を「実験」と言い換えてもよい。実験に失敗したら仮説を立て直せばいい。ただし、実験をしなければ仮説はいつまでも仮説のままだ。高い目標を定め、どうしたらそれをクリアできるか考え抜き、実行し、そして集中する。低成長時代だから低い目標でもよいと考えるのは間違いだと思う。精神論でいっているわけではなく、実行力はやる気が支え、やる気は高い目標とインセンティブが支える。本当の（数字だけで評価するのではない）実力主義、信賞必罰の人事を行えば、人はついてくるものだ。

ユニクロを展開しているファーストリテイリング社の会長室の前の廊下には、毎年の行動指針が標語としてＡ４判の紙に書かれ、張り出してある。２００６年度は「世界一の実現、現場・現物・現実」であるが、２００２年度は「実行、実行、実行」だった。

世の中には掛け声だけで実行が伴《ともな》わないことが多いが、当社は有言実行がすみずみまで行きわたっている。

高い目標を掲《かか》げて、まず実行する。実行してうまくいかなかったら、すぐに中止する。完全にやめるか、時期がくるまで待つかのどちらか。「止める」のもまた、実行なのだ。「会社は試行錯誤《しこうさくご》をし、失敗を重ねて学習しながら成長するもの。会社は公器なので、成長する責務がある」と柳井正《やないただし》会長兼社長は考えている。

ファーストリテイリングとは上場するずっと以前からのつきあいで、15年以上経った。会長に会った当初は売上高41億円、経常利益４０００万円程度の地方の中堅企業だった。株式公開の準備作業を入念に計画し、山あり谷ありだったがなんとか成長してきた。２００６年8月期の売上高は、ユニクロの売上高にほかの連結子会社分を含めて４４００億円程度になる予想だ。15年で１００倍以上の成長をした計算になる。

株式公開のキモは「資本政策」！

株式公開といえば、株式公開準備計画の大きな柱のひとつに「資本政策」というものがの事情に基づいて、何度でもつくり直されるものだ。株式公開のターゲット時期は、証券会社との綿密なすり合わせが必要となる。

X－1年	X－1年	X年		X年	X年			
7月	9月	3月期末		7月	公開時			
第三者割当増資	新株予約権行使	申請直前期		株式分割（1株→2株）	公募	売出し	最終計	
株式数	株式数	株式数	%	株式数	株式数	株式数	株式数	%
	450,000	1,450,000	53.1	1,450,000		−300,000	2,600,000	42.9
		80,000	2.9	80,000			160,000	2.6
		190,000	7.0	190,000			380,000	6.3
		280,000	10.3	280,000			560,000	9.2
		150,000	5.5	150,000			300,000	5.0
200,000		400,000	14.6	400,000			800,000	13.2
180,000		180,000	6.6	180,000			360,000	5.9
					600,000	300,000	900,000	14.9
380,000	450,000	2,730,000	100.0	2,730,000	600,000	0	6,060,000	100.0
	50,000	50,000		50,000			100,000	
450	300				770			
171,000	135,000				462,000			
85,500	67,500	323,000			231,000		554,000	
							（X＋1年3月期末予想）	
		6,235,000					8,110,000	
		436,000					567,000	
		200,000					263,000	
		1,146,000					1,871,000	
		73					43	
		420					309	

資本政策は自前の資本金・株主計画だ！

そもそも資本政策は、オーダーメイドである。X年3月期末を公開申請の基準期としたこの事例は、相当単純化してあり、参考例にすぎない。自社の経営計画、資金需要、ならびに投資家サイド

株主	単位	X－2年		X－2年	X－2年	X－1年	
		3月期末		6月	7月	3月期末	
		現在		新株予約権付与	第三者割当増資		
		株式数	%	株式数	株式数	株式数	%
社長（オーナー）	株	1,000,000	87.0			1,000,000	52.6
同族	株	80,000	6.9			80,000	4.2
役員（5名）	株	70,000	6.1		120,000	190,000	10.0
従業員持株会	株				280,000	280,000	14.8
金融機関	株				150,000	150,000	7.9
VC	株				200,000	200,000	10.5
取引先	株						
一般投資家	株						
合計	株	1,150,000	100.0		750,000	1,900,000	100.0
潜在株式（社長）	株			500,000		500,000	
発行価額	円				300		
発行総額	千円				225,000		
資本金	千円	57,500			112,500	170,000	
売上高	千円	3,625,000				4,912,000	
経常利益	千円	145,000				221,000	
税引後利益	千円	65,000				95,000	
純資産額	千円	320,000				640,000	
1株あたり利益	円	57				50	
1株あたり純資産	円	278				337	

ある。なじみがない言葉だと思うが、現在の資本金を公開するまでにどのように増やすかの計画のことである。目指す証券取引所の公開基準（株数、株主数、利益などの「形式基準」と企業の継続性・成長性・社内管理体制の整備状況などの「実質基準」があり、取引所ごとにそれぞれ異なる）を満たしつつ、株主構成をどう変え、増資していくか。経営計画から見て、現時点から公開するまで、および公開時点で会社の事業資金がいくら必要なのか、株価や株価収益率（ＰＥＲ＝株価を1株あたりの利益で割った比率）が妥当《だとう》な水準になるような株数はどの程度か、創業者利潤をどう実現するか、公開申請のタイミングは等々、検討課題は山ほどある。

正しい資本政策、あるいは資本政策の王道というものはない。会社の数だけやり方があり、すべてオーダーメイド。妥当な計画を立てるのに王道もない。実際にはどんなものか、一例を挙げよう（54～55頁図表参照）。

まずいま、つまりXマイナス（－）2年1月ごろに、この計画＝資本政策を立てるとする。X年○月ころジャスダック市場に上場して、売出し（既発行の株をオーナーなどの現株主が売る。株主に入金される）と公募（新株を発行して新たな株主を募《つの》る。会社に入金される）をする、という目標を定める。最終決算期X年3月期末とX－1年3月期末の2

期間を監査法人に監査してもらう。２期連続で「適正」意見をいただける予定。上場時点までの経営計画を立て、公募・売出し後の株主構成および持株数を決め、現在の株主と株数を確定したうえで、Ｘ年３月末までに２回の第三者割当増資と１回の新株予約権の付与を行う。売上・利益が経営計画どおり出ていて、公募価格が思いどおりの金額になれば、資本政策どおりとなる。54～55ページの図表の例だと、公募価格は７７０円で１株あたり利益43円なのでＰＥＲは18倍程度だ。直前期に実施した第三者割当増資の株価が４５０円なので、公募価格がそれを上回って、ホッとした状態だろう。

詳しくは専門書がたくさん出版されているので、それらにあたってほしい。

なぜ会社人生に大きな差がつくのか

現在30歳の読者は、当然のことながら10年経ったら40歳である。10年後の自分を想像したことがあるだろうか。現在の延長線上では、どんな40歳かが想像できそうだ。思い切って行動し、ちょっとでも変化をつけることをすすめたい。絶対にあきらめてはいけない。等しく直線で進むのでも、２つの道の角度がたった１度変わっただけで、１００メートル進むと１・７メートルも差がつく。30度ズレると、１００メートル同じ速度で進んで51・８メートルも離れてしまう。大きな差である。

このまま会社に勤めつづけるか、事業を起こして独立するか。自分の将来像を想像し、それに向かって努力することが大切だ。できると信じ、そのとおり実行すればできる。

優秀な外科医ほど、手術の執刀時にあまり血が出ないので、患者の負担も少ないという。「おれがやれば絶対に血が出ない」と信じているという知人の外科医は、手術の前に必ず自分にそう暗示をかけるそうだ。信じて実行する、よい例だ。

「自分が自分に対して最大の批判者になり、自分の行動と姿勢を改革する自己革新力のある経営」先ほど紹介したユニクロの経営理念のひとつに、こんなものがある。

いまの世の中、他人に無関心で自分に甘い人が増えるなかで、自分に厳しく、行動に責任を持っていきたいものである。

正社員になれば安泰か?

バブルがはじけて以降、会社の雇用形態に変化が見られるようになった。正社員を減ら

法人税と消費税の納税のカラクリ

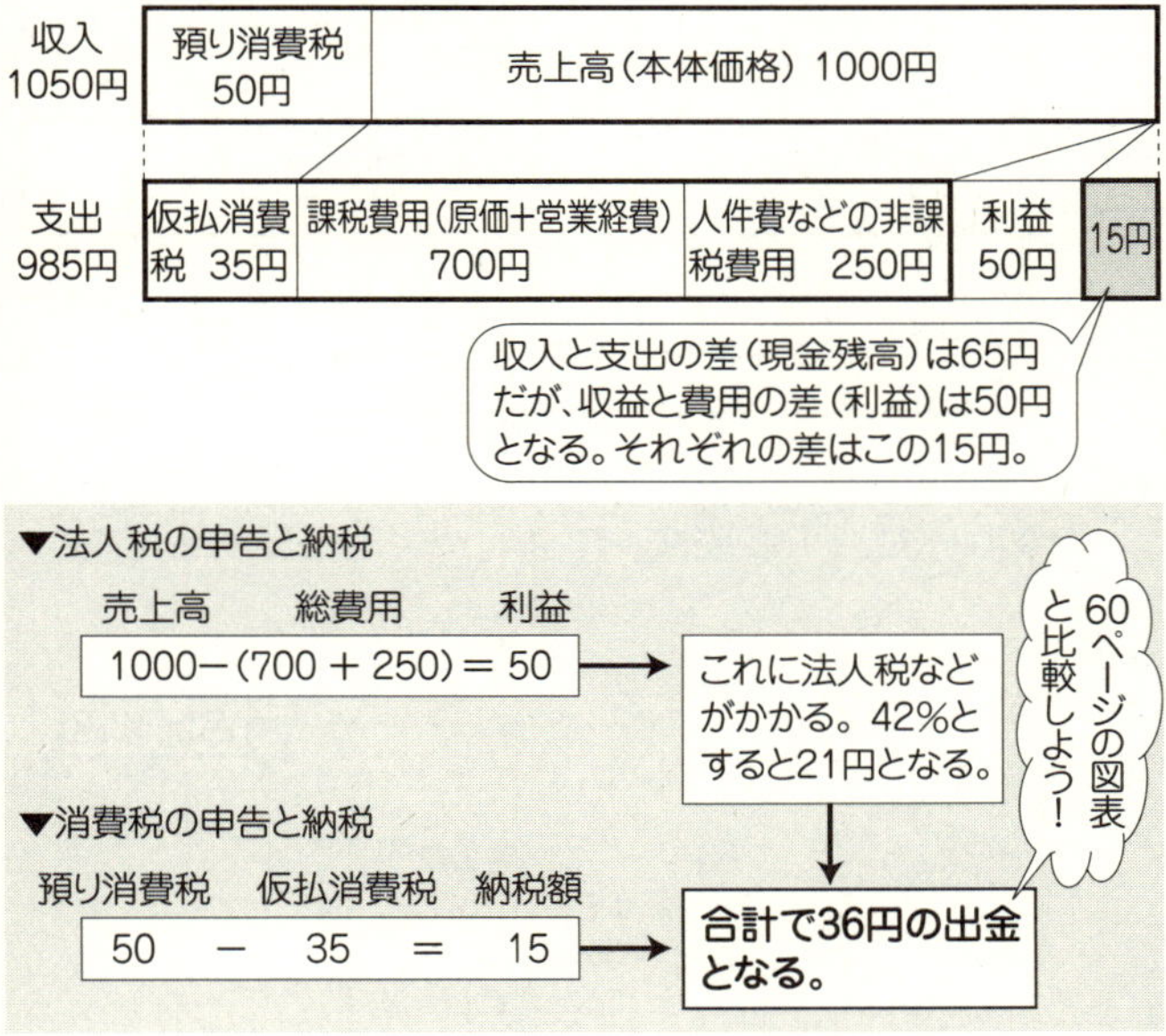

し、契約社員や臨時のパート・アルバイト、アウトソーシング会社の社員に切り替えるという動きだけでなく、従業員や正社員という会社に雇用される労働者ではなくて、いままでどおり会社で働くが、契約上は「個人事業主」にしてしまう、というものだ。昔から建設や運送業界で「一人親方」と呼ばれてきた外注さんと同じだ。

雇う会社側からする

非課税人件費の一部105円を個人事業主の外注費に切り替えると!?

59ページの図の「人件費などの非課税費用250円」から105円だけ課税費用（本体100円+消費税5円）に切り替える

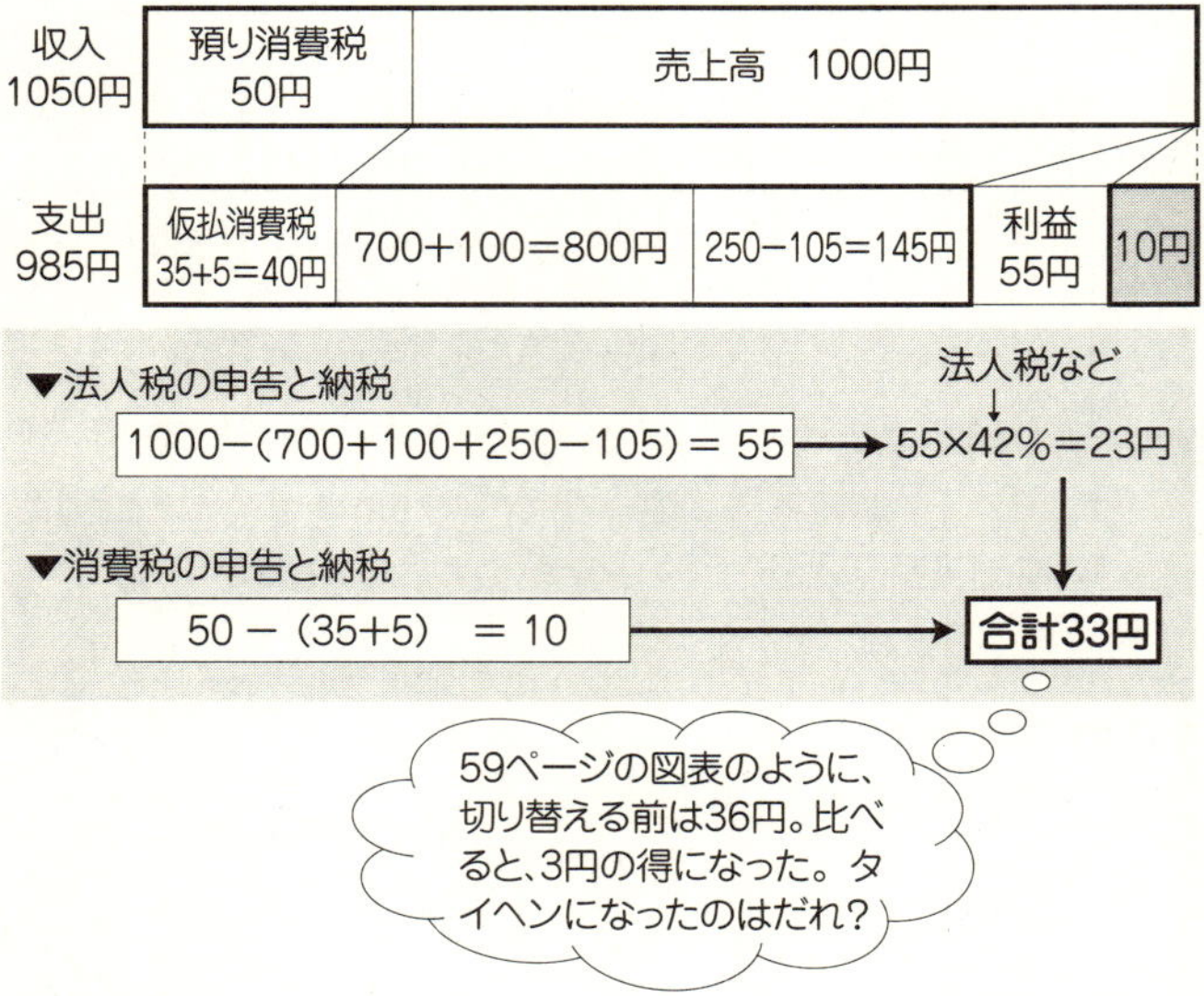

と、同じ金額を支払うのであれば、社員への給料には消費税はつけられないが、個人事業主への外注費になら消費税がつけられ、会社にとってメリットは大きい（59〜60頁図表参照）。

「個人事業主」というのは所得税法の世界の言葉で、会社形態にしないで事業を営んでいる個人という意味。1月1日から12月31日までが決算期で、翌年3月15日までに事業の利益（売上高から経費を差し引いたもの）を確定申告し、所得税を支払う。これでやっと一年分の所得が決まる。毎月、税引き後の給料をもらえる立場と大きな違いだ。

会社から仕事を請け負うことになるので、失敗は許されないし、リスクは自分で背負う。労災事故なども労災とは認められないケースも多い。いつでも休める代わりに、有給休暇などという甘えた制度はない。「寝ても覚めても仕事」になる可能性がある。

仕事を継続できるかどうかの緊張感と不安感はつねにつきまとう。その代わり、がんばればその分売上や利益が増える。今後は、最初から最後まで一人で仕事が完結する人、業種でいえばメーカー、ソフトウエアハウス、外食や小売業の店長などに導入が進むだろう。

クォータリー・マネジメント

自分自身の価値（価格）を上げるために、最後にひとつだけアドバイスをしたいと思う。

それは、「クォータリー・マネジメント」という考え方の応用だ。もともとは四半期決

四半期ごとに達成する成果（目標）を会社とコミットする「クォータリー・マネジメント」の手法

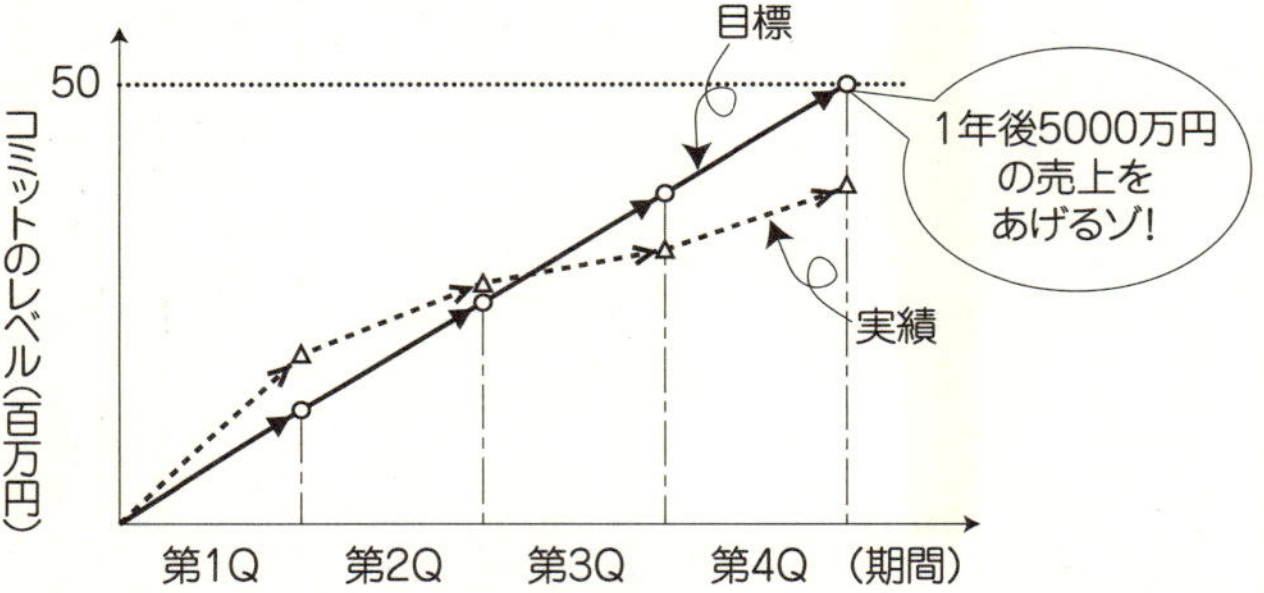

(1) 1年後に5000万円の売上を達成することをコミット（公約）し、四半期（クォーター＝Q）ごとに目標値（○印）を定め、実際の達成値（△印）と比較評価する。

(2) 報酬も四半期ごとに精算する会社もある。

(3) 図の例だと、第1Qと第2Qは、コミットした報酬より多く支払われるが、第3Qと第4Qは少なくなる。

算、すなわち企業が四半期（クォーター、つまり3ヵ月間）ごとに決算することだが、これを個人に転用するのだ。

企業が導入する場合、会計の分野だけでなく、人材の業績評価・報酬決定の経営管理手法として使われるケースが増えている。年に一度か二度しか行われなかったものが、年に4回になったのだ。3ヵ月に一度上司に評価され、フィードバックされると、するほうもされるほうも「またか!」となってしまう。緊張感が継続できる会社はうまくいくが、そうでない会社はやめたほうがよいかも。

ぼくはこれを、ビジネスマン一人ひとりが結果を出すために、自分自身の目標設定法として使ってほしいと思っている。あくまで自己マネジメントのツールとして積極的に用いるのだ。

仮に、ある人の一年間の売上目標が５０００万円だったとする。４で割って、この人は、四半期ごとに１２５０万円ずつ稼ぎ出せばいいということになる。第１クォーターから第４クォーターまで、順次これが達成目標となる。

ある年、第１クォーターの売上が１５００万円を達成したとする。ここからがポイントだ。クォータリー・マネジメントの考え方では、これで残り３クォーターでの達成目標水準を下げることができる、とは考えない。あくまでクォーターごとの目標は１２５０万円のままなのだ。

短期的に明確な目標を立て、会社とコミット（公約）し、次々とそれをクリアしていく。この方法を取ると、中だるみになることもなく、結果として目標以上の大きな成果を導き出すことができるようになる。

最終的に、たとえば第１Ｑ１５００万円（プラス２５０万円）、第２Ｑ１２００万円

（マイナス50万円）、第３Ｑ２０００万円（プラス７５０万円）、第４Ｑ１３００万円（プラス50万円）という結果を出せたとする。トータル６０００万円で、目標だった５０００万円からプラス１０００万円の業績達成だ。

自分の「適正価格」

先ほどの例で、年収６４０万円の人がこの６０００万円を達成できたとすると、どうか。年収６４０万円に対応する売上高は４４４４万円だったので、逆算すると６０００万円の売上高は８６４万円に対応し、この人は８６４万円の年収をもらってもよいことになる。これで自分の「適正価格」が計算できた。ただし、目標に到達できなかったときは、給料は大幅ダウンということもありうるので要注意。

あまりに大きく遠い目標値を設定すると、なかなかその数字を身近に引き込むことができないのが普通だ。四半期ごとに基準をつくることで、より達成しやすい目標値とすることができる。結果として成功を引き寄せられる。

同時に、短期的で実現可能性の高い目標値であることで、それを大きく下回ってしまう危険も避けられる。人は、目の前に山の頂《いただき》が見えていれば、がんばって登り切ろうとするからだ。ゴールが遠く霞《かす》んでいては、意欲すら薄れてしまう。そういうマイルストーンの立て方だと思ってほしい。

結果として、当然会社は喜ぶし、あなたの査定値もアップする。実力までいつの間にかついていることだろう。

ただ4で割るだけ。しかし、この視点を持っている人といない人とでは、比べものにならない差が生まれる。このセンスをぜひ身につけて、成功をつかみ取ろうではないか。

第2章　なるほど納得、見積書と請求書

見積書はなんのためにあるか

ある中小企業の月曜日、朝いちばんのよくある風景である。

社長に、営業部長と担当課長が呼ばれる。

「なんだこの見積書は。顧客の要望をぜんぜん汲《く》んでないじゃないか。商品の組み合わせも値段もダメだ。支払方法の提案もできていない。5年のリースを提案したらどうだ。おまけに合計金額まで間違っている。書いた課長も課長だが、印鑑を押している部長の目は節穴《ふしあな》か、まったくチェックしてないだろう？」

じつのところ課長が書いたのかどうかもわからないが、このままの状態で、見積書が客先に提出されたらどうなっただろうか。おそらく客は見向きもしないどころか、この会社を信用しなくなるのではなかろうか。信用は日々のちょっとしたことの積み重ねで得られるのだ。その代わり、失うのはあっという間だ。

見積書は、客先のメリットを考えて客先のためにつくる。そのあとに自社の利益がついてくる。こう考えるべきではないか——見積書とは、数字を使って相手先にその気持ちを伝えるメッセージなのだ。「商品やサービスの内容・品質・価格・納期・支払条件・メンテナンス」などについて見積もる。ニーズが固まっていない場合には、これらを固めていく工程が必要。その工程を通して本当のニーズを探ることになる。

一方、見積書をもらう側は、それによってなにを判断するのか。価格が高いか安いか、別物との比較はどうか、性能は同じものだがメーカーか保守態勢の違いか。

客のニーズに合っていないものは問題外だが、無理矢理に高いものを買わされることのないように、価格の原価構成を聞き出す。

「相見積もり」を取るのはなぜ?

「相見積もり」ということがよく行われるようになった。

複数の会社（仕入先・外注先）から見積書をもらい、そのなかから低価格・高品質などの基準で1社を選定する手続きである。だが、ある1社と取引することをはじめから決めておいて、その会社がぼらないように牽制《けんせい》するために行うケースもある。儀式化している場合もあるかもしれないが、客先からつねにコストダウンを要求される状況下で仕入先などの選定が厳しいものになってくると、当然そういうことはなくなるはずだ。

毎日使う機械が故障したらどうするか。すぐにその場で修理してほしいのでいちいち相見積もりを要求したりしないし、メンテナンス業者が決まっている場合にも見積書を要求することはしない。よほど高額になる場合を除き、修理して「直った、ありがとう」となって、あとで請求書が来てびっくり、というパターンは多い。

メンテナンスや修理業者にはその場で金額を見積もってもらうようにしたいし、その価格で決めたら、依頼側の担当者にも責任があるので、あとで購買責任者が出てきて値段が高いのどうのといってほしくはないのだ。口頭の見積もりではなく、納品書か見積書にその場で承諾のサインをしてもらっておこう。コンピュータがいまよりもっと高度に発達したら、だれでもいつでも衣服につけるようにして持ち運べ（ウエアラブルコンピュータの発想）、こんなこともすべて現場で承認されることになるだろう。いずれ、葬儀のときにも相見積もりを、ということになるかもしれない。

請求書は会社の顔！

経営コンサルタントは、はじめて訪問する会社の電話の受け答えを、その会社の現状把握・分析の重要な第一歩ととらえる。すぐ電話に出たか、元気がいいか、返事は明確か、不在の場合の対応はどうか等々。電話応対は、さまざまな状況がいちどきに推測できる。

請求書は、電話の受け答えと同じく「会社の顔」だと思う。

請求書にはいろいろな意味がある。請求内容と金額を確定し、いつまでにどの銀行口座に振り込んでほしいのか回収条件を確認する資料であり、のちのちの問題を防止する意味をも持っている。取引慣行のなかで醸成され、非常に一般的なものなのに、案に相違して、経営・会計・法律関連の辞書には「請求書」なる項目はなく、公《おおやけ》に認められた定義を披露したくてもできない。

もともと、どんな取引をするにも契約を結んでいる。契約書を取り交わさないまでも、当事者間の合意により口頭で契約は成立するので、契約しているという実感がないだけなのだ。

しかし、ビジネスの世界では契約書の作成は重要である。建設業法、割賦《かっぷ》販売法、訪問販売等に関する法律などの特別法によって、契約書作成が義務づけられているときはもちろんだが、ちょっと複雑な取引の場合、交渉過程で合意の得られた契約条件をはっきりと書面化しておくことによって、後日、万一トラブルがあったときに、契約書が当事者の主張を裏付ける証拠となり、紛争解決のよりどころとなる。

　商品の受発注に電話を使用している業界もあいかわらずあるようだが、少なくともファクスやコンピュータなどで記録が残るような方法に変更すべきだ。電話で発注は10個といわれたのに、単位を間違えて10千個（1万個）を受注してしまい、納品時に大慌て――なんてことになったらたいへんだ。現に、証券会社で顧客からの注文を間違えて市場に買い注文を入れた結果、訂正するまでの十数分間の間に数十億円という大損害を被《こうむ》った事故も起きている。

請求書は「証拠資料」でもある

　契約の遂行《すいこう》にあたっては、納品、検査、代金回収、クレーム処理など取引の流れにしたがって、納品書、受領書、検収書、請求書、領収書、クレーム処理作業票などさまざまな帳票類が、当事者の間で交換される。これらの書面も後日のトラブル防止・対応策として重要な証拠となる。そう、請求書は重要な「証拠資料」なのだ。

　取引当事者の片方が大企業・中堅企業であれば、基本取引契約書を結んでから、それに

商品販売取引の業務フロー

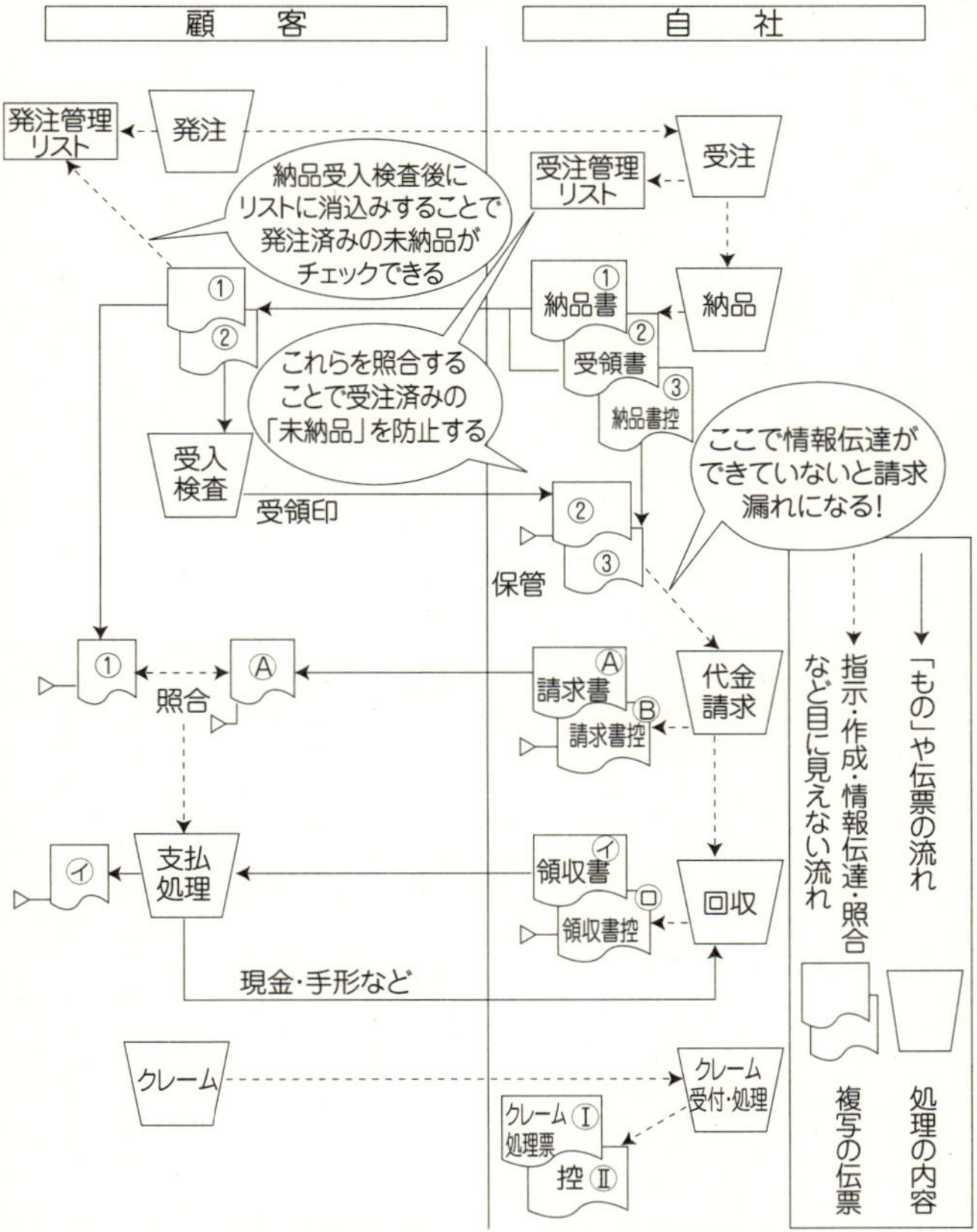

〈要点〉1. それぞれの処理（業務手続き）を行う担当者が違うので、本来は「一連の流れ」なのに情報が伝わらず、流れがとまってトラブルになりやすい。それぞれの処理時にチェックが欠かせない。

2. 処理内容もコンピュータを使うことが多いが、理解しやすいよう上記フローにおいてコンピュータ処理には触れていない。

3. このような一連の取引の流れを図示したものをフローチャート（流れ図）と呼び、内部統制のチェックや新人研修に使われる。

したがって取引をすることになるが、中小・零細企業同士であれば結ばずに取引する場合も多い。しかし、請求書は別である。小売店などその場で取引が成立し、完了する場合を除いて、ほとんどの取引に請求書は欠かせない存在だ。

納品や検査受け入れの過程で発生したトラブル、たとえば「発注した数より3個少ないよ。それに傷物も2個あるし、どうしてくれるの」というケースでは、すぐに同じ商品か代替品を持ってくる。それがダメなら「5個分を差し引いて請求させていただきます」となる。請求書は、取引の最後を飾る重要な役目を担《にな》っているのだ。ただし、普通はこれでは済まず、「契約違反だから不足分以上に値引きしてくれ」となるときもあるので、注意したい。

実務界では請求金額が確定しないうちに仕事を終えたり、または商品を引き渡したりすることがよくある。この場合、勝手に請求書を出しただけでは契約が成立したことにはならない。仕事を終えたときか商品引き渡し時に、最悪でも請求書を出す前までに、代金についての了解を得ておくべきである。「最悪」と書いたあとに気づいたが、それより始末が悪いのは「値段が決まっていないので、月末に請求書を出さなかった。そのうち請求することさえ忘れてしまった」パターンだ。

社長から「今月、売上がやけに少ないなあ」といわれ、経理担当が請求漏れはないかと営業マンに聞きまくる姿が目に浮かぶ。商品出荷とともに納品書と請求書が発行される仕組みになっていれば請求漏れはないが、商品がからまない点検業務、ソフト開発、修理、簡単な工事など多くのサービス提供業務のケースでは漏れやすい。現場作業を伴う仕事では、終了するたびに請求する仕組みをつくることが望まれる。

売掛金未回収（貸倒）の悲劇

また、営業担当は請求書を出すところまでが自分たちの責任、と思ってはいないだろうか。ビジネスマンならみなわかっているはずだが、本来は回収するところまでが責任範囲である。回収も手形回収ではまだダメで、手形が期日通り入金してはじめて手が離れるのだ。

もし、前年度に売り上げた１００万円の売掛金が相手先の倒産で回収できなかったとしたら、１００万円の損失だろうか。表面上はそうだが、当期中にこの損失を取り戻す（次の取引の利益で穴埋めする）としたらどうだろう。仮に粗利《あらり》率（売上高総利益率）が20%

の会社だったら、１００万円割る０・２で５００万円の売上が必要になる。

しかも、話はこれで終わらない。新規に５００万円の取引ができて全額現金回収したとする。この分の利益はどうなったか。先ほどの損失の穴埋めに利用されるだけで、会社全体の利益には寄与しない。

さらに、左ページの表を見てほしい。貸倒れのない①のケースでは経常利益率は９％だったのに、貸倒損失を取り戻すためにした取引を合算した④のケースでは８％に落ちている。比率を元の９％に保つためには当初より９０９万円多く売上をあげないといけないことがわかる。たいへんなことが理解できただろう。あとで泣くより、信用の置けないところには売らない、つまり与信《よしん》限度の管理をしっかりやることが大事だ。

会社の顔である請求書、それを全部集計すると（発送するかしないかは別にして）まさに会社の顔である「売上高」になる。売上高は、会社経営のすべての基本であり、顧客のためになにが実現できたかの証《あかし》といえる。

請求書とはそれだけ大事だし、ありがたいものなのだ。会社の請求書にその思いがどれだけ込められているのか、まじまじと見つめてみよう。

売掛金の貸倒損失100万円を取り戻すには？

	①当期（貸倒れがないケース）		②当期（貸倒れがあったケース）		③貸倒損失を取り戻す取引		④＝合計（②＋③）		⑤＝①と同じ経常利益率を稼ぎ出すには？	
	金額（万円）	比率（%）	金額（万円）	比率（%）	金額（万円）	比率（%）	金額（万円）	比率（%）	金額（万円）	比率（%）
売上高	5,000	100	5,000	100	500	100	5,500	100	5,909	100
売上原価	−4,000	−80	−4,000	−80	−400	−80	−4,400	−80	−4,727	−80
粗利益	1,000	20	1,000	20	100	20	1,100	20	1,182	20
販管費	−550	−11	−550	−11	—	—	−550	−10	−550	−9
営業利益	450	9	450	9	100	20	550	10	632	11
貸倒損失	—	—	−100	−2	—	—	−100	−2	−100	−2
経常利益＊	450	⑨	350	7	100	20	450	⑧	532	⑨

損を完全に取り戻すには、この経常利益率を等しくする必要がある

売掛金100万円の貸倒があった場合、その損を取り戻すには売上高500万円が必要となる（③）。しかし、そこまででは、貸倒がなかったケース（①）と比較すると、経常利益額は同じだが経常利益率は下がっている。これも取り戻そうとすると⑤のように、909万円の売上をあげないといけないことになる。被害は甚大だ。

仕入・外注先はともに成長する仲間

「購買」とか「調達」を表す英語、プロキュアメント（procurement）という言葉には、深い意味がある。大企業のなかには、この名称の部門がすでに実在している。プロキュアメントとは獲得や調達の意で、動詞の procure は努力・苦労して手に入れる、獲得するという意味を持つ。

仕入や外注となると、なんでもかんでも「値引く」「コストダウンを要請する」と考えるのではなく、発注元は外注先・仕入先とともに成長する、という考え方が大切である。相手が嫌がることの押しつけは、絶対に何年もつづかない。

プロキュアメントとは、たとえば外注先が、品質がよくなりコストが下がるような提案をしてくれたら、それでコストが下がった分の利益を半分ずつ分け合いましょう、という購買についての戦略・考え方なのだ。この考えがあってこそ取引相手の双方にメリットがあるウィンウィン（win-win）の関係になれる。ビジネスマンには、ぜひとも知っておいてほしい考え方だ。

さらに一歩進んで、インターネットを活用して資材などをプロキュアメントし、一括購

win-win関係をつくるプロキュアメント戦略

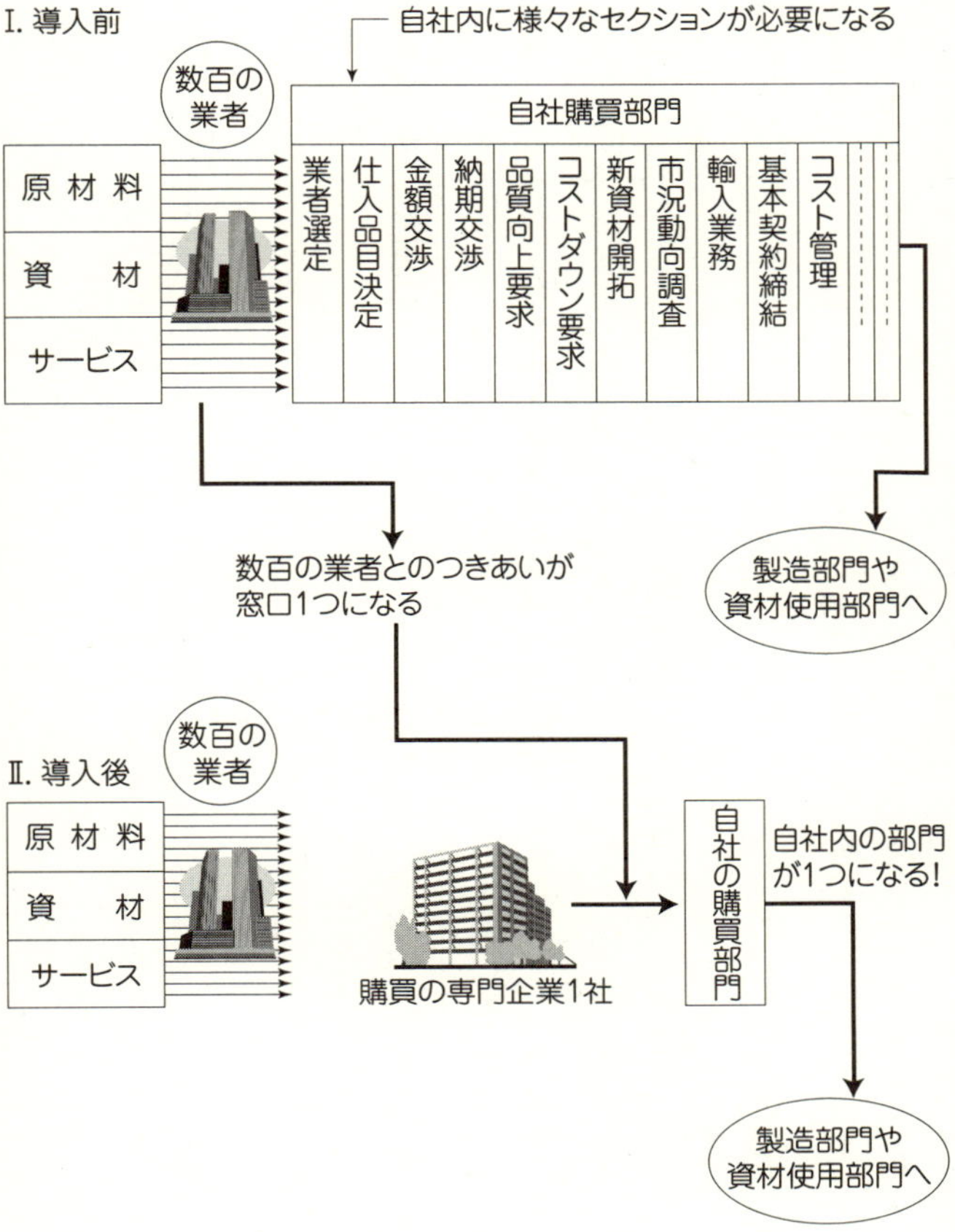

買によるメリットを享受する仕組みをe-procurementという。これも知っておいて損はない。実際、多くの大企業が自社の購買部門のスリム化を図《はか》って、部門そのものの業務を専門企業に請《う》け負わせる動きが出はじめている。依頼する企業の側からすると、業務プロセスの改善だけでなく、すべての資材仕入コストの削減につなげたいのだ。

請求書にほしい「気遣い」

外注先や仕入先といっしょに成長するための、ちょっとした「気遣い」について一言。そこが中小・零細企業であればなおさらだが、彼らが望んでいるのは、請求書に書かれている回収（入金）予定日が金融機関の休日にあたっている場合、その1日前に入金してくれること。それにもうひとつ、振込手数料を引かないで満額の入金をしてくれることだ。

休日の前日入金は、中小・零細企業にとっては非常に喜ばしい。なぜか。給料支払日が金融機関の休日にあたれば、当然その前日に給料を支払う。支払いが先行して回収が遅くなると、資金繰《ぐ》りが苦しくなる。1日、2日の差で倒産などということになりかねない。

このちょっとした心遣いで円満な取引ができるのであれば、資金繰りに汲々《きゆうきゆう》としていない発注元はそうしてやるべきだろう。この厚意でどれだけ倒産をまぬがれ、銀行から多めの借金をしないで済む会社が増えるかわからないが、日本経済全体に寄与《きよ》すること大である。

また、統計を取っているわけではないので断言できないが、満額入金も徐々に少なくなっているような気がする。いちいち振込手数料を差し引かれるなら、江戸時代のように、銀行抜きで年に一度、大晦日《おおみそか》に掛けを直接会って支払う制度が復活するかもしれない。

不正・誤謬を見抜く「内部統制」

ビジネスは、失敗、抜け落ち、ダブり、間違い（難しい言葉で「誤謬《ごびゆう》」という）とか不正という問題と無縁ではない。仕事の内容が複雑であればますますそうなる。

すべての仕事に人が介入している以上、これらをなくす完璧な仕組みはできない。コンピュータ化されても、それを設計し、運用するのは人なので、不正・誤謬の入り込む余地は多い。

この不正・誤謬を「予防」したり、もし起こっても「発見」したりする仕組みを、専門用語で「内部統制」とか「内部牽制」と呼ぶ。野球で塁上にランナーが出たときピッチャーが投げる牽制球は、ランナーが盗塁するのを防止するために投げる。その意味の「牽制」だ。

ビジネスは業務処理、つまり手続きの連続で成り立っていて、手続きのなかにダブルチェックなどの内部統制の手続きを組み込んでルール化することを「内部統制制度」という。制度は整備されていても（ルールがあっても）、運用されていないケースもあるので注意が必要である。

日本国内にある証券会社２２２社の89％にあたる１９８社が、２００５年度中に株式取引で誤発注していたことが金融庁の調べでわかった（２００６年３月16日付日本経済新聞）。株式相場の活況のうらで日常的に、銘柄、株数、価格の発注ミスが一年間で１万４３１８件発生していて、このうち６６７件はなんと誤発注した売買代金は１億円を超えていたという。総約定《やくじょう》件数に対する比率は０・００２６％と少ないものの、扱うものが金銭なので損害を被る可能性は高い。チェック体制などのルールはあっても、内部統制制度の運用状況の再構築が急務だ。

不正・誤謬を防止・発見する「内部牽制制度」をつくるコツ（例示）

項目	手続き	事例・ポイント
1	カネやモノを動かす権限を、絶対に1人に集中させない。	①請求書を書くこと、入金処理すること、集金すること、売掛金元帳に記帳することなどを1人に集中させないで、担当を分ける。②出荷指示、実際の出荷・配送の担当者を分ける。
2	カネやモノを動かすときは、必ず別の人のチェックを受ける。	①社員数が少ないので、上記1を1人ですべてやっている場合でも、別の部門の人か社長・上司が業務のチェックをする。②現金を扱う人には現金出納簿はつけさせない。
3	1人がやった業務を必ず別の人か上司がチェックする（ダブルチェック）。あるいは、同じ人でも終了時に必ず検算・チェックする。	①部下のやった業務を上司がチェックする。②自分がやった業務を他人に報告する前に必ず見直す。③コンピュータにインプットしたら、入力データを元資料と必ず照合する。④入力データでエラーになったものを、必ず即時に原因を追究し、入力し直す。
4	同じ仕事を同じ人が何年もくり返すのではなく、数年に一度、仕事の内容をローテーションする。	①購買部門の業者選定担当者を3年ごとに他部門と入れ替える。②外注管理担当者を4年に一度、製造部門担当者と入れ替える。
5	意思決定・承認のプロセスなどの記録を残す。	責任者はだれで、いつまでに行うか、目的はなにか、どのような過程を経て承認されたかなどの記録（稟議書、承認申請書）を残す。後々問題になったときに役立つ。これは他社との交渉経過（取引先交渉記録簿）も同様だ。
6	業務処理手続（売上手続、仕入手続、購買手続、給料支払手続、外注管理etc.）ごとにフローチャートをつくって、弱点を分析する。	請求漏れが起きやすい、支払いがダブってしまうことがある等は弱点なので、防止するためにどんなチェック手続きを入れるか検討する。
7	内部監査をする。専門部署をつくることができればよいが、つくれなければ経理や総務担当者が兼務しても効果は大きい。	内部監査部門をつくる余裕のない中小企業でも、業務改善する目的ですべての業務内容をチェックすることは経営管理にとっても有効だ。
8	ホットライン制度をつくる。中小企業で導入するのは難しいが、社長がすべての社員とうまくコミュニケーションをとれていればこんな制度は不要だ。	社内の人が法令違反や不正をしている事実を発見した場合、内部告発する制度。もみ消されないように社外役員や弁護士が電話やメールを受けるケースも多い。

請求書や見積書の内容・金額などの間違いを防ぐとか、幹部社員が会社のカネを着服しないようにとか、ありとあらゆるケースを想定して完璧な仕組みをつくるのは無理だ。そのことのためだけに担当者を増やしたり、業務をチェックするためだけの内部監査部門をつくったりするのは、あまりにもカネがかかる。できるだけ現有人数のままで内部牽制制度をつくりたい。そのためのヒントは83ページの表にまとめたとおりだ。

横領・不正事件はなぜ起きる？

日本の会社は「性善説」で成り立っている、ということはよくいわれる。

横領《おうりょう》や不正事件が起きてから、それではいかんとばかりに「性悪説」に基づいてチェック態勢を厳しくつくろうとする。遅きに失し、ついでに人心まで取り逃がし、事件後キーパースンがボロボロ抜けて会社は崩壊寸前、などという笑えない話もある。

中小企業で経理課長が7～8年にわたって少しずつ横領していた事件に遭遇《そうぐう》したことがある。顧問の税理士が別にいるにもかかわらず、そこの社長が、会社とは関連のないぼくに相談してきた。

「最近、どうもカネの流れがおかしいんです。帰宅するのがいつもいちばん遅い経理課長が帰ってから、ちょっと調べてもらえませんか」

その翌日から5日間、夜な夜な会社へ通って調査した結果は、やはり「不明金」発見。関係会社への貸付金や立替金が、関係会社側で実際に受け取った額よりも多く出金処理（記入）されていたり、現金で支出された賞与も社員・役員が受け取った金額より多く引き出され、会計処理されていたりした。差額はその人の懐《ふところ》へ！

ほかの手口も、現金預金の流れと帳簿記入を照合すればすぐにわかるものばかり。仮払金も他人の名前で支出されている。本人に示したらすぐに観念し、即解雇ののち弁護士立ち会いで横領金を文書にしたあと、弁済させた。どこから漏れるかわからないし、会社の信用問題になるということで警察沙汰《ざた》にはしなかった。

役員はみな口をそろえて、「真面目で働き者の彼がどうして……」「あんなに信用していたのに……」という。手口はそんなに複雑ではないので、別の人が帳簿と現金残高、あるいは銀行預金の残高証明とを照合する仕組みさえつくっておけば防げたはずだ。預金の引き出し、金庫の管理、帳簿や月次決算書作成は彼が一人で全部やっていた。

個人の横領事件で、身近に起き、見聞きしたのはこのほかに2件ある。

これら3件に共通しているのは、

①40代半ばから50代前半の経理・財務の中核の人が起こした
②その人はお金を動かすのと同時に帳簿もつけることができる地位（役割）にいた
③社内で帳簿のチェックをする人がほかにはいなかった
④外部には税務・会計顧問がいたが、とくに細かなチェックまで依頼していたわけではなかった
⑤経営者は完全にこの人を信頼していた

以上5点。どうぞ不正を働いてください、といっているようなものだ。人間はつくづく弱い動物だと思い知らされる。83ページの図表（不正・誤謬を防止・発見する「内部牽制制度」をつくるコツ）で、防止策として事例に書いたことがなぜ必要なのか、わかっていただけただろう。

第3章　なぜやるの？　めんどくさい原価計算

仕事は原価計算にはじまる

民間企業のビジネスは、損得で動く。入ってくる収入に対応するのは、出ていった費用で、差額が損得（会計上の言葉では損益）。その費用を集計するのが「原価計算」だ。商品を買って売るだけの商業経営であれば、あまり関連はなさそうだが、じつはあらゆる業種、あらゆる部門で原価計算は必要なのだ。

たとえば営業マンのつくる見積書、その前提となる「見積原価計算書」とか「実行予算書」などで見込んでいた粗利《あらり》（売上総利益）がちゃんと現実に出ているだろうか。すべての取引が同じように行われているとしたら、実際の決算書（損益計算書）でその粗利が実現していなければ、どこかの段階で原価計算が間違っているということだ。

個々の実行予算書の粗利が25～30%程度あるのに、実際の損益計算書の売上総利益率が15%程度しかなかったら、実行予算書をつくる段階でどこかが間違っているか、集計漏れがあるはずだ。実際によくある話で、一度確かめたほうがよい。

メーカーで製品原価を計算するのは当然だが、メーカー以外でも建設会社、通信工事会社、ソフトウエアハウス、経営コンサルタント会社、環境調査会社、保守・点検サービ

商業経営のみの価値の流れと決算書

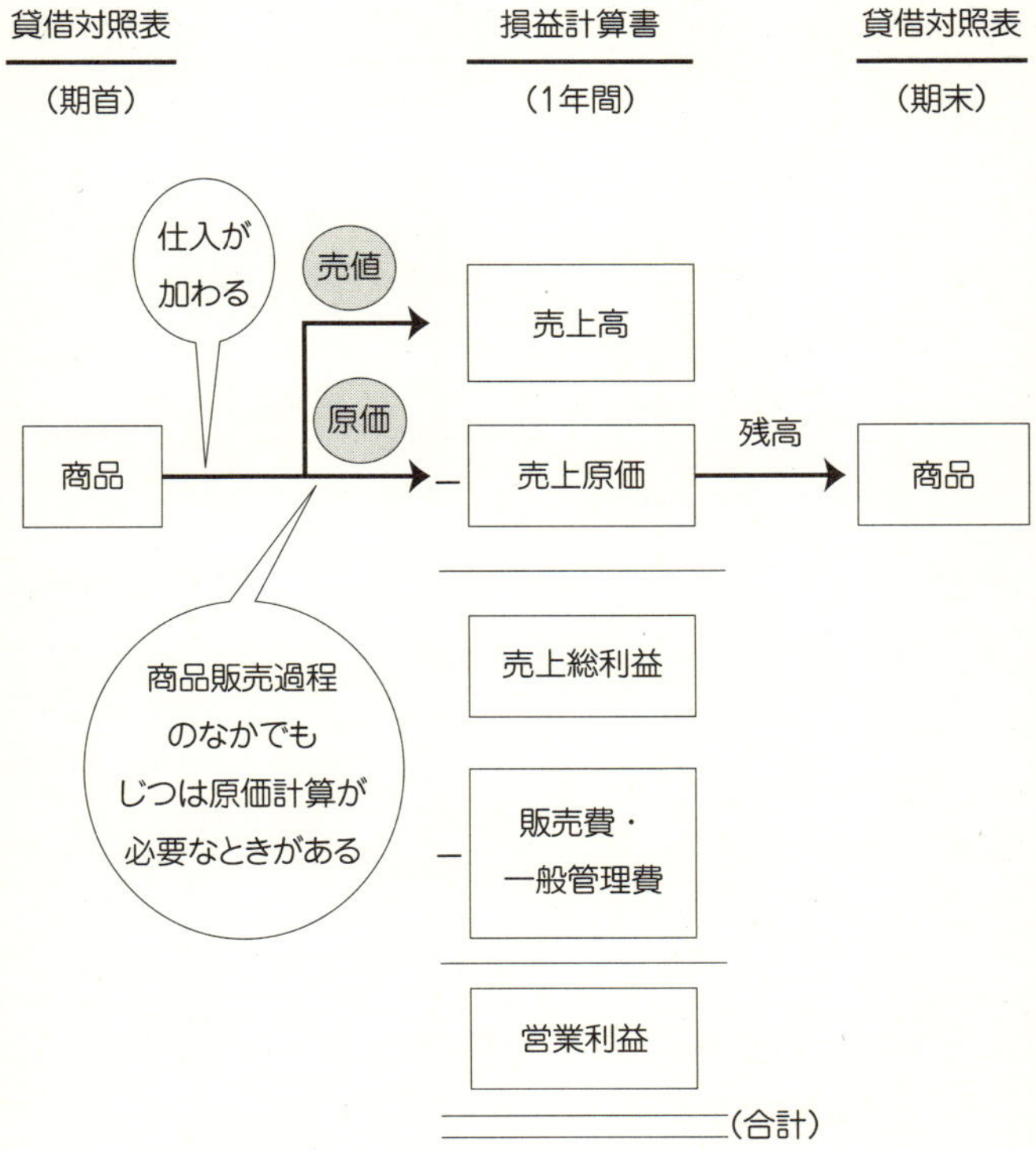

製造部分のある経営の価値の流れと決算書

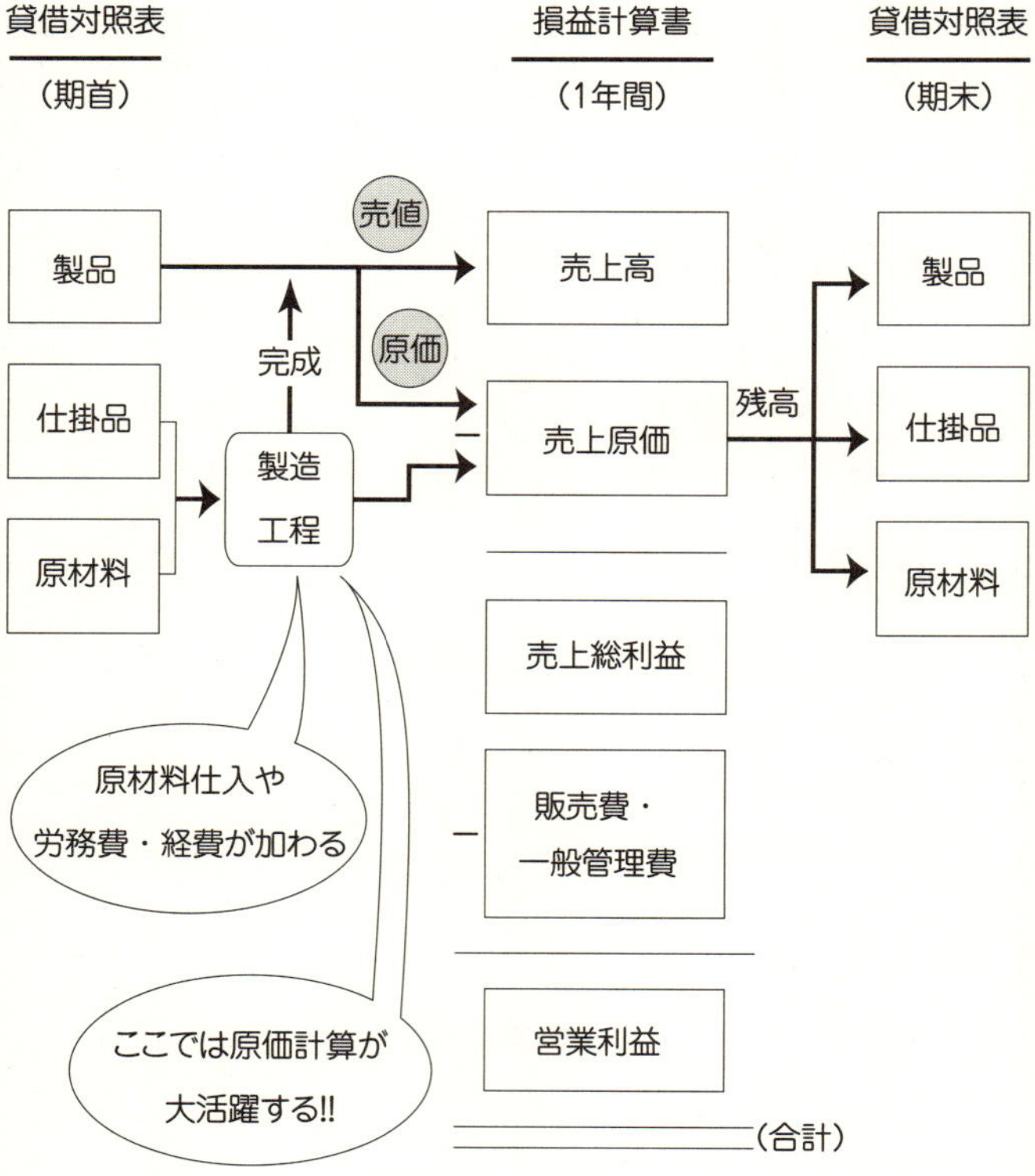

ス、印刷会社など非常に多くの業種で、完成品の原価計算を行い、期末日にまたがって仕《し》掛《かかり》中の仕事があれば仕掛品（建設会社では未成《みせい》工事支出金という）の金額を算出する。

たとえ仕掛品がない会社や製品をつくっているのではなくても、経営管理上、業務そのものの原価計算をするのは有効だ。どの業務にいくら原価がかかっていて、いくら儲《もう》かるのか。ビジネスマンに求められる原価計算力とは、「なんでも原価集計してやろう」という意識・意欲から育《はぐく》まれるものである。

また、商品をメーカーから仕入れて売る小売業や卸売業でも、購買担当、バイヤー、マーチャンダイザー（ＭＤ）の職種についていれば、仕入値の交渉や品質管理などで原価計算の知識は必須《ひっす》のはずである。

「コスト」を計算する5つの目的

しかし、製品あるいはサービスの原価を、なんのために計算するのだろうか。一般的に5つの目的があるとされる。次ページに表でまとめてみよう。

原価計算をする目的とはなにか？

①決算書をつくるため	製品などの原価計算をして、売上原価、期末在庫（仕掛品・半製品・製品などの棚卸《たなおろし》資産）の金額を算出する。仕入れた商品を売っているだけの商売であれば必要ないが、原価計算なくして決算書は作成できない。
②商品・製品の売価を決めるため	おおよそ市場価格だけで売値を決めていたらどうなるか。よく売れるものの原価が高く、店全体が赤字になっていた、などということになりかねない。ラーメン店であれば、どのラーメンをつくれば原価がいくらかを計算してから売値を決める、これが原価計算の使命の1つだ。そこで、原価プラス利益で売値を決める。売値がアップしたら、単純に売上高は増え利益は増える。しかし、売上数量が増えると、売上高は増えるが利益は増えるかどうかわからない。数量が増えると設備投資や人手が必要になり、原価の構造が変わる可能性があるからだ。そのあたりも原価計算で明らかにする。
③コストダウンのため	原価の内容を分析（原価管理）することによって、どうしたらコストダウンできるか検討する。製造工程の効率を高めたり、ムダを排除したりするためでもある。製品や部品を外注するか自製するか、意思決定場面にも使われる。
④予算管理をするため	経営活動の基準となる予算をつくるため、そのベースとなる製造予算をつくる。直接材料費予算、直接労務費予算、製造間接費予算、設備投資予算、試験研究費予算など細目《さいもく》に分かれる。予算管理するのは予算編成のプロセスを通して予算意識・原価意識を持つことが大事だし、月次で実績値と比較検討することも重要だからだ。
⑤経営計画を立てるため	結局、原価計算は経営戦略の基本計画を立てることに役立つのだ。企業の将来像を具体化するためには、絶対に必要な作業である。
⑥その他	新製品開発のため、部門ごとの業績を評価するため、競合他社の原価構造を分析し自社の強さ・弱さを浮き彫りにするため、設備投資の採算計算のためにも使う。

出ていくお金を制する者が勝つ

製品・サービスの原価計算でなくとも、どんな場合でも原価計算は重要である。出ていくお金が入ってくるお金より少なければ、必ず現金が残るし、利益も出る。その意味で「出ていくお金を制する」ためのコスト計算はつねに大切なのだ。逆にいうと「自社の高コスト体質こそ、顧客にそれを負担させているという意味でただちに改めるべきものである」といえよう。

運送会社では、品物ごとに容積をはじき、トラックを満タンにしてから運びたい。この場合には顧客に「若干、時間はかかりますよ」とリードタイムの了解をもらっておき、運賃を安くする。速く運ぶというスピード重視であれば、その分運賃を高くする。理論的にはこうありたいが、現実は厳しい。

また、集計して決めるのではなく、先に原価を決め、そういう原価になるように企画するというやり方（「原価企画」という）もある。製品設計の段階で、設備投資額は事前に政策的に決められるし、製造ラインがコンピュータでコントロールできるようになって、このような考え方が現実的になってきた。メーカーの工場にかぎらず、たとえばコーヒーを1杯150円で販売するには、どのような原価構造や販売方法が可能か、と考える過程に応用できる。

実際に「絶対150円で販売したい」という創業者の思い入れが、コーヒー豆、カップなどの食器、店内内装などの原価構造を標準化してつくりだし、起業した実例がある。チャレンジしてみたい方法だ。

原価は単純に3つの要素で決まる

製品・サービスの原価構造は、単純にいうと、

①材料費
②労務費
③経費

の3つ。

製造原価計算書（例）

（単位：千円）

科　目	金　額	構成比
		%
材　料　費	25,000	27.8
労　務　費	36,500	40.6
経　　　費		
設備リース料	12,000	
減価償却費	6,750	
修繕費	1,200	
その他	8,450	
経費合計	28,400	31.6
当期総製造費用	89,900	100.0
期首仕掛品棚卸高	2,450	
他勘定振替高（注）	3,700	
期末仕掛品棚卸高	1,650	
当期製品製造原価	87,000	

（注）試験研究費や自社で使用する機械などへ振り替えるときに使う科目。

「材料費」には、原材料・外部買入の加工部品・燃料費・工場消耗品費などが含まれる。

「労務費」は、製造活動に携わった人々の給料・賃金・賞与・法定福利費（社会保険料、労働保険料など）・退職給付引当金繰入額・福利厚生費などが入る。

「経費」は、製造活動に関してかかった費用のうち材料費・労務費以外のものである。外注加工費（重要性が高かったら経費とは別に管理される）、減価償却費、地代《ちだい》家賃、賃借料、保険料、水道光熱費、旅費・交通費、通信費、研究開発費、特許権使用料、修繕費などである。

「直接費」と「間接費」

これら原価の3つの費用は、完成させるべき製品・サービスにとって直接関連づけられるかどうかによって、「直接費」と「間接費」に区分できる。頭に「製造」という文字をつけて製造直接費、製造間接費と呼ばれる。前者は直接材料費、直接労務費、直接経費、後者は間接材料費、間接労務費、間接経費が含まれることになる。

自動車タイヤをつくる場合の合成ゴムは直接材料費、工場長の給料は間接労務費、製造装置の減価償却《げんかしょうきゃく》費は間接経費という具合に分類される。原価計算の過程で製造直接費は、その製品原価として直接集計（直課《ちょっか》）されるのに対し、製造間接費はなんらかの基準によって発生した費用を按分《あんぶん》して割り振る（配賦《はいふ》）ことになる。

一方では、製品の完成数量に応じて比例的に発生する費用を「変動費」、数量や機械運転時間、直接作業時間などによって影響を受けず発生する「固定費」に区分するやり方もある。変動費の代表例は、材料費や外注加工費。固定費は労務費や減価償却費である。

原価計算の手続きは、費目別に集計して、発生した部門別にも集計し、最後に製品別に計算する過程を経る。製品別計算は一定の製品単位に集計し、製品1単位あたりの製造原価を計算する。直接費は直課され、間接費は直接作業時間などなんらかの基準によって配賦計算が行われる。以上が、基本中の基本。

原価は「カメレオン」!?

次は、原価は製造形態や目的に応じて集計範囲や集計方法も変わるし、操業度によっても変わる「カメレオン」であるという話題。

計算方法にそれぞれ名前がついているので、まずその区分ごとに99ページの図表で大きな流れを概観してから、以下の文章を読んでほしい。難しい単語や聞きなれない語句は、声に出して読むと頭に入りやすい。新しい「情報」は1回頭に入れれば、あとは何度か読み返すうちに「知識」として定着する。

①個別原価計算と総合原価計算

まずは生産形態別の分類だが、「受注生産」の場合には、それぞれの受注製品ごとに製造指図《さしず》書がつくられ、完成するまでこれに費用が集計されていく。直接費は直課され、間接費は配賦される。これが個別原価計算のやり方。

一方、単一種類の製品をくり返し連続的に「見込み生産」する場合には、1ヵ月の製造費用の総額を計算し、その期間の生産量で割って、製品の平均原価を計算する。同じ期間内で製造されたものはすべて同じ原価になる、という考え方に基づいている。

月末には完成品と仕掛品が存在し、仕掛品は完成度（進捗《しんちょく》度）に応じて原価を計算する。完成品原価＝月初仕掛品原価＋当月製造費用－月末仕掛品原価という式がこの単純総合原価計算の方法を示している。総合原価計算には組別、工程別、等級別など、製造過程に合わせたさまざまなやり方がある。

②実際原価計算と標準原価計算

2つめは、集計される原価が実際の金額かどうかで分ける。

実際原価計算とは、「実際に発生した原価」（これを実際原価という）を集計して原価計算する。これに対し、標準原価計算は原価の「標準値あるいは目標値」（これを標準原価原価計算の基本的な流れはこの3つ！

製品別計算には6つの方法がある！

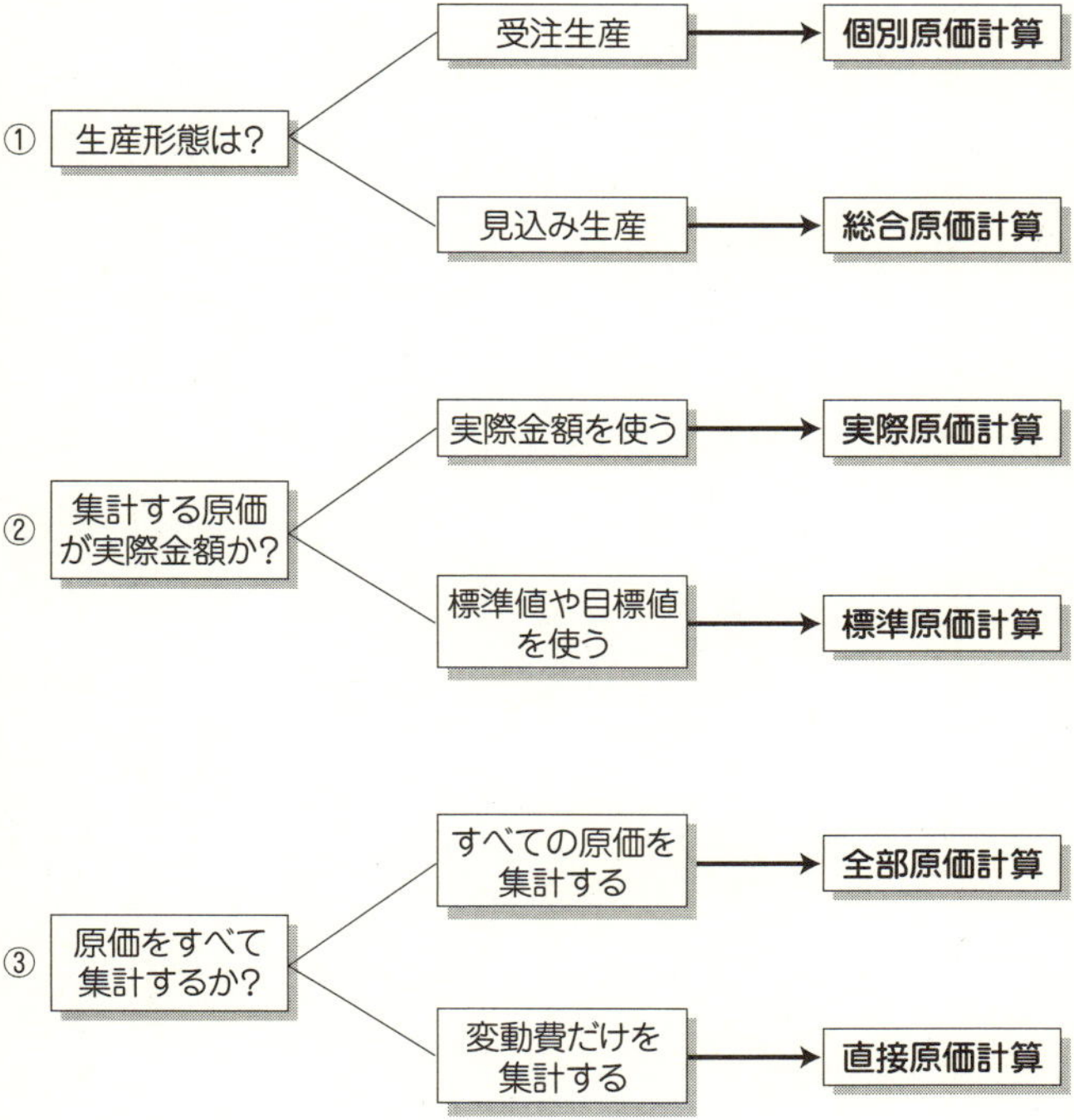

という）を決めて、それを使って原価計算する。実際原価と標準原価の差異を「原価差額」と呼び、月末あるいは決算期末に完成品原価と期末仕掛品原価に配賦する。原価差額の出方、金額、異常性などを管理することによって原価管理をすることになる。

③全部原価計算と直接原価計算

3つめは、製品にかかわるすべての原価を集計するかどうかで分ける。製品やサービスの製造にかかった費用の全部を、製品に負担させるのが全部原価計算。一方、かかった原価のうち直接ひもつけできる費用だけ（直接原価）を、製品に負担させるやり方が直接原価計算という。

直接原価とは実務的には「変動費」と同じ。すべての原価を変動費と固定費に分け、変動費だけを製品に直課し、固定費は製品ごとには計算しない。損益計算書のスタイルは〈売上高－変動売上原価＝限界利益〉、〈限界利益－固定製造原価＝売上総利益〉という具合になる。原価管理や利益計画のためには有効な直接原価計算だが、外部へ公表すべき企業会計としては認められていないので、管理会計目的にのみ利用される。

いままで述べた伝統的な原価計算の方法とは別に、最近では活動基準原価計算（activity-based costing＝ＡＢＣ）と称して、原価を発生させる「活動（アクティビティ）」ごとに原価をとらえて、間接費を製品に配賦するやり方も増えてきた。

理由は、原価の内訳として材料費と労務費の割合が相対的に大きかった時代に比べ、現在では製造間接費の割合が相対的に大きくなってきたことに起因している。

段取り替え、部品物流、製品検査という活動業務ごとに費用をプールしておき、製造ロット数、投入部品点数、検査時間などのものさし（コスト・ドライバーと呼ばれる）で製品原価に配賦される。この考え方は、メーカー以外にも十分適応可能だ。

その無駄な会議にかかるコストは？

従業員３００名程度のある中堅企業の会議室。毎月第２週目の木曜日午前10時、ロの字型に置かれたテーブルに８名の取締役が並ぶ。いつもの取締役会の風景だ。

「ただいまから定例役員会を開きます」とおもむろに開会を宣した社長は、会長と副会長に向かって、先月１ヵ月間の営業トピックと月次決算の報告をする。会長は社長の父親、副会長は会長が社長時代に二人三脚で会社を切り盛りしてきた元専務、非同族である。ここまでに40分かかり、それから議事に入る。

会長と副会長をのぞく社長以下６名にとっては、すでに前週に開かれた経営会議で議論された項目なので、議案内容は先刻承知している。これも社長が会長、副会長に説明したあと、２〜３の質疑応答があるのみ。ほかの役員はほとんど発言もないまま、だまって耐えているだけのように見える。これに50分かかり、終了は11時30分。この会議のために遠方から来た役員は２名いる。

第１章で述べたように、年俸６４０万円の社員には、ざっと１２００万円程度の費用がかかっている。非常に大雑把《おおざっぱ》だが、この会議参加者の全員がこの２倍の費用（年俸）の２４００万円、１年２３０日勤務、８時間労働と仮定すると、１分あたりの費用は２１７・４円となる。全部で90分だったので８人で７２０分の時間を要したことになり、会議していたときの直接原価①（左図）は15万６５２８円となる。集合するまでに要した時間給や交通費、資料を準備した時間給など（これも直接原価である。左図の直接原価②）を加味すると20万円は下らない。

意外に少ないようだが、これは直接原価だ。役員のうち３名の営業担当と社長が、もし

「その会議」の価値が見える！

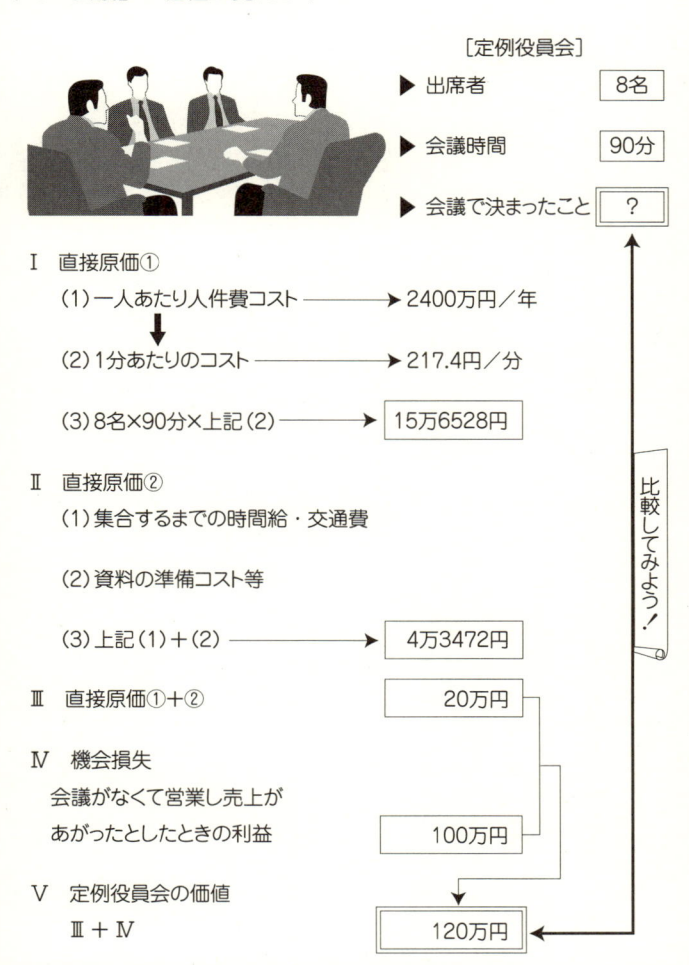

［定例役員会］

▶ 出席者　8名

▶ 会議時間　90分

▶ 会議で決まったこと　？

Ⅰ　直接原価①

(1) 一人あたり人件費コスト → 2400万円／年

↓

(2) 1分あたりのコスト → 217.4円／分

(3) 8名×90分×上記(2) → 15万6528円

Ⅱ　直接原価②

(1) 集合するまでの時間給・交通費

(2) 資料の準備コスト等

(3) 上記(1)＋(2) → 4万3472円

Ⅲ　直接原価①＋②　20万円

Ⅳ　機会損失

会議がなくて営業し売上が

あがったとしたときの利益　100万円

Ⅴ　定例役員会の価値

Ⅲ＋Ⅳ　120万円

比較してみよう！

この会議がなく営業していて売上があがったと仮定したら、その売上から得られたであろう利益が「機会損失」として集計されるべきだ。それが１００万円だとする。

　この取締役会は１２０万円以上の価値があり、成果があがっただろうか。どんな会議でもこのようにとらえると、「絶対いいアイデアを出すぞ！」と討論の真剣さが違ってくるはず。こんな感覚・意識で会議をしている会社は、間違いなく伸びる。

9人以上の会議は時間の浪費！

あなたの会社の会議には、どのようなものがあるだろうか。

取締役会、常務会、経営会議、部長会、課長会、経営計画会議、数値確認会議、営業会議、予算編成会議、製販会議、在庫会議、開発会議、戦略会議、業務改善委員会、さまざまなプロジェクト会議……あげればきりがない。一度、会議の目的や参加者、頻度《ひんど》、所要時間、議題数、そのうち承認されて実行された数などを調べてみたい。

　それに言葉の真の意味どおりの「会議」になっておらず、報告会や儀式に終始している場合も要注意だ。事項・事件の重要性を再確認し、情報の共有化を徹底するための会議も

会議の棚卸をしてみよう！

No.	1	2	3	4	5
名称	取締役会	経営会議	部課長会	製販連絡会	業務改善委員会
目的	法定事項・重要な意思決定ほか	経営に関する意思決定・報告	経営会議準備、報告・連絡・相談多い	販売価格と製造価格の調整	
規程	取締役会規程	なし	なし		
参加者	取締役、監査役	取締役、部長	部長、課長		
参加人数	8名	12名	18名		
頻度	定時は毎月1回、臨時は都度	2週間に1回	2週間に1回		
所要時間	2時間程度	2時間半	2時間		
議事録作成	事務局が作成し、会議後にメールで参加者に回覧	部長が持ち回り。精粗の差がある	企画課課長が作成		
決議予定議題数	平均4つ	5～7つ	3つ～		
1回あたり決議数	ほぼ同数の決議あり	決まらないことも多い。3つ程度	ウーム、どうだろう？		
「決議・討議」と「報告・連絡」の時間配分	6（決議等）対4（報告等）	4（決議等）対6（報告等）			
事前に目的や資料の配布？	前日までに配布	配布があるのは半分程度			
評価	◎	△			

会議が単なる時間の浪費になっていないか、棚卸をして分析してみよう！　成果の出ない会議なら直ちにやめるべきだ!!

必要だが、その場合にも、これから先の対策に力点をおくべきだろう。

会議内容では、将来の計画についての議論と過去の数字についての議論とどちらが多いか。統計調査をしたわけではないので断言はできないが、ほとんどの会社では過去の数字についての議論が多いと思う。将来のためになる過去の分析なら理解できるが、反省ばかりしていても、だれのためにも、なんのためにもならない。未来のためになにを実行し、なにをやめるかを議論してほしい。

１９５７年に「役人の数はなすべき仕事の軽重、時には有無にかかわらず、一定の割合で増加する」という法則を「ロンドン・エコノミスト」誌に発表し、有名となったイギリスの歴史家Ｃ・Ｎ・パーキンソンは、内閣の構成員は５人が理想で、20人以上になると運営不能になるといっている（『パーキンソンの法則』Ｃ・Ｎ・パーキンソン著、森永晴彦訳、至誠堂）。

これは通常の会議にも応用可能だ。ぼくの実感からいうと「参加者全員が発言し、活発な議論をし、結論を出し、即行動につなげる」ための会議であれば、７〜８人が限度だと思う。会議の参加者が９人以上になると「時間の浪費」が増え、非効率になっていく。

経営の重要な意思決定——設備投資

経営の大事な意思決定場面のひとつに、「設備投資」がある。設備投資をしてはたして採算がとれるか、どのような業種にとっても重要な問題だ。その採算計算（経済計算ともいう）は原価計算の分野として扱われている。

設備投資を現金で行えば、その現金はほかには使えなくなる。多額になればなるほど業績に与える影響は増大し、設備が完成し稼動しはじめてからやめた、というわけにはいかないという意味で、より慎重にすべきだ。しかし、慎重にすぎると競争には勝てない。

設備投資の意思決定が経済的に合理的であるかどうかなど、本当は実行してみなければわからないはずだが、経営計画の作成と同様に、事前にモデル（仮説）をつくって実験し、採算をはじいてみるのだ。

採算とは、国語辞典風にいうと、「利益があがるかどうかという観点から見た、収入と支出とのバランス」のこと。売り上げて利益が出ることが確実な製品をつくるための（あるいはサービスを提供するための）設備投資をしても問題がないかどうか、心配だから事前に計算してみようというわけだ。

ただし、大きな利益は予想できるが、リスクもまたそれ以上に大きくなる可能性がある場合もある。筋道を立てて、投資によるあらゆる変化を予想してみて、リスクが大きいようであればその案は不採用となる。

投資の時期を逸《いっ》してはならないが、なにも投資をしないという案から、最大限投資する案までいろいろ検討することになる。設備投資した途端にフル操業というのがいちばんいいのは当然だが、なかなかそうはいかないのが現実である。アンブローズ・ビアスの『悪魔の辞典』風に表現すると、「設備投資とは、検討している最中にフル操業するのがベストで、実際に稼動してからはぜんぜん操業度のあがらないカネ食い虫」とでもなろうか。いや、失礼！

採算計算の具体的な方法については、投下資本利益率法、ＤＣＦ法、正味現在価値（ＮＰＶ）法、内部利益率（ＩＲＲ）法、回収期間法などいろいろある。それぞれ長所・短所がある。これらの説明は他書に譲ろう。いつどれだけのお金が出ていき、どれだけのお金が入ってくるのかを予想し、それを現在価値に直す。現実的にはいくつかの方法を併用して、案をつくる場合が多い。

合理的な意思決定とは？

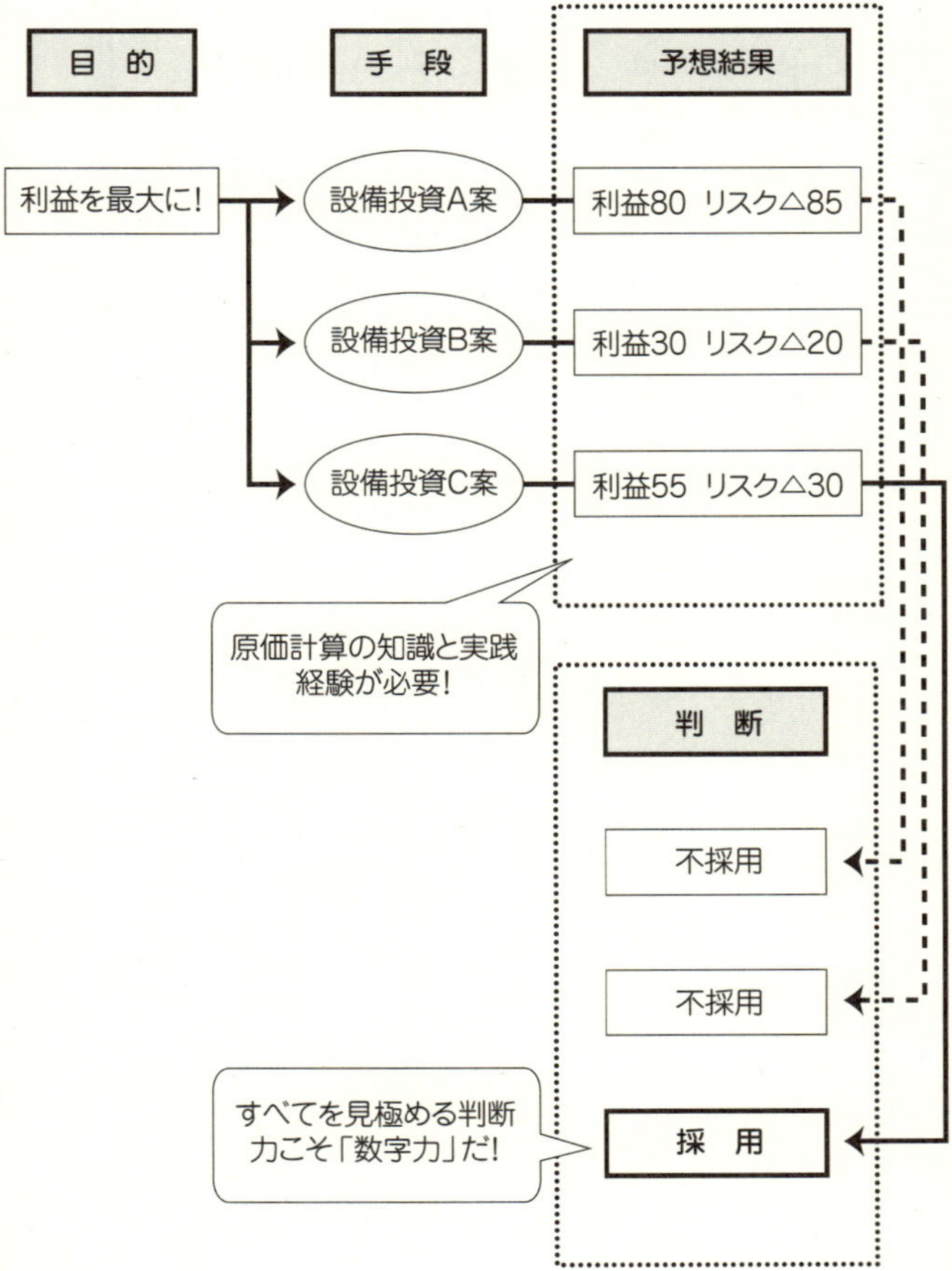
目 的
手 段
予想結果
利益を最大に!
設備投資A案
設備投資B案
設備投資C案
利益80 リスク△85
利益30 リスク△20
利益55 リスク△30
原価計算の知識と実践経験が必要!
判 断
不採用
不採用
採 用
すべてを見極める判断力こそ「数字力」だ!

設備投資実施案は3つつくること

モデル（実施案）のベースになる数字は、将来の「収益」や「キャッシュフロー（現金の入出金）」を予測してつくるのだが、できれば楽観的なもの、悲観的なもの、そしていちばん普通に起こりうるものの3種類つくろう。最低でも、強気と弱気の2通りのケースを考えておけば、意思決定の方法としては間違いがない。最終判断は、弱気・悲観的な案を見て決めることが多い。「失敗してもこの程度か（ここまでなら失敗できる）」という覚悟が決められるからである。

結局、最終的に意思決定するパワーの源《みなもと》は「経験と勘と腕力、あるいは熱意」（?）なのかもしれない。ビジネスマンの得意とするところだろう。根回し、集団での議論、ワンマン的意思決定といろいろあるが、最終判断は論理では説明できないことも多い。

忘れてはならない「金利」の問題

ところで、意思決定するときに大事な要素になるのは、やはり金利だ。採算計算の過程では、金利を使う。無借金経営の優良企業であっても金利にはシビアであり、設備投資の稟議《りんぎ》のときには必ず金利計算をする。優良企業は、部門ごとに社内金利を決めて部門別の損益を出している。金利も短期資金の場合は１・５％、長期資金の場合には４％などである。ここしばらくの間、ゼロ金利時代がつづいたが、２００６年3月の日銀の量的緩和解除という政策転換によって、今後どのような金利変動があるかわからない時代に入る。いままでが異常で、やっと当たり前に戻ったのだ。金利の重要性は高まるばかりである。

この章の最後に捨て台詞《ぜりふ》をひとつ。設備投資をどうしてもしなければいけない場合には、最小限の範囲にのみ留めるべきだ。また、リスクを最小限に抑える努力をすることも必要。

まったく逆に、ある程度リスクをかけないとリターンも増えないのも、また事実である。

最大限のリスクを計算し、「この実施案だったら、ダメになってもこの程度の損失で済む」と覚悟を決めたら、どんなことをしてでも成し遂《と》げよう。数字だけを見ていてもものごとはよい方向に進まない。数字をもとに、会社を、世の中を動かすのは、結局ビジネスマンの覚悟なのだ。

第4章　だいたいわかる決算書

「会計」とは「他人に勘定を説明する」こと

会計、経理、会計学という言葉を和英辞典で引いてみると、どれも全部、アカウンティング（accounting）と書かれている。accountingとはaccountから派生した言葉であり、accountとは「勘定」「口座」とか「計算書」などとも訳されているが、本来は「説明」という意味である。

日本語の「会計」を分解すると、「会」は「すべての勘定」で、「計」は「数える」という意味なのだが、アカウンティングそのものの意味を考えると、自分（たち）だけで計算して勘定が合えばいいというだけではなく、他人にそれを説明する、という広い意味を持っていることがわかる。また、アカウンティングと責任（responsibility）の合成語といわれるアカウンタビリティ（accountability）は「説明責任」と訳されているが、ディスクロージャー（disclosure＝決算情報などを開示すること）とともにいまや日本語化し、新聞紙上で絶えず見かけるようになった。

説明するからにはわかりやすく、正確に、迅速《じんそく》にという要求が出てくる。古代国家での徴税時に徴税官が王様に説明することに端《たん》を発し、中世ヨーロッパに至り、一航海に出資

会計とは、だれかに説明すること

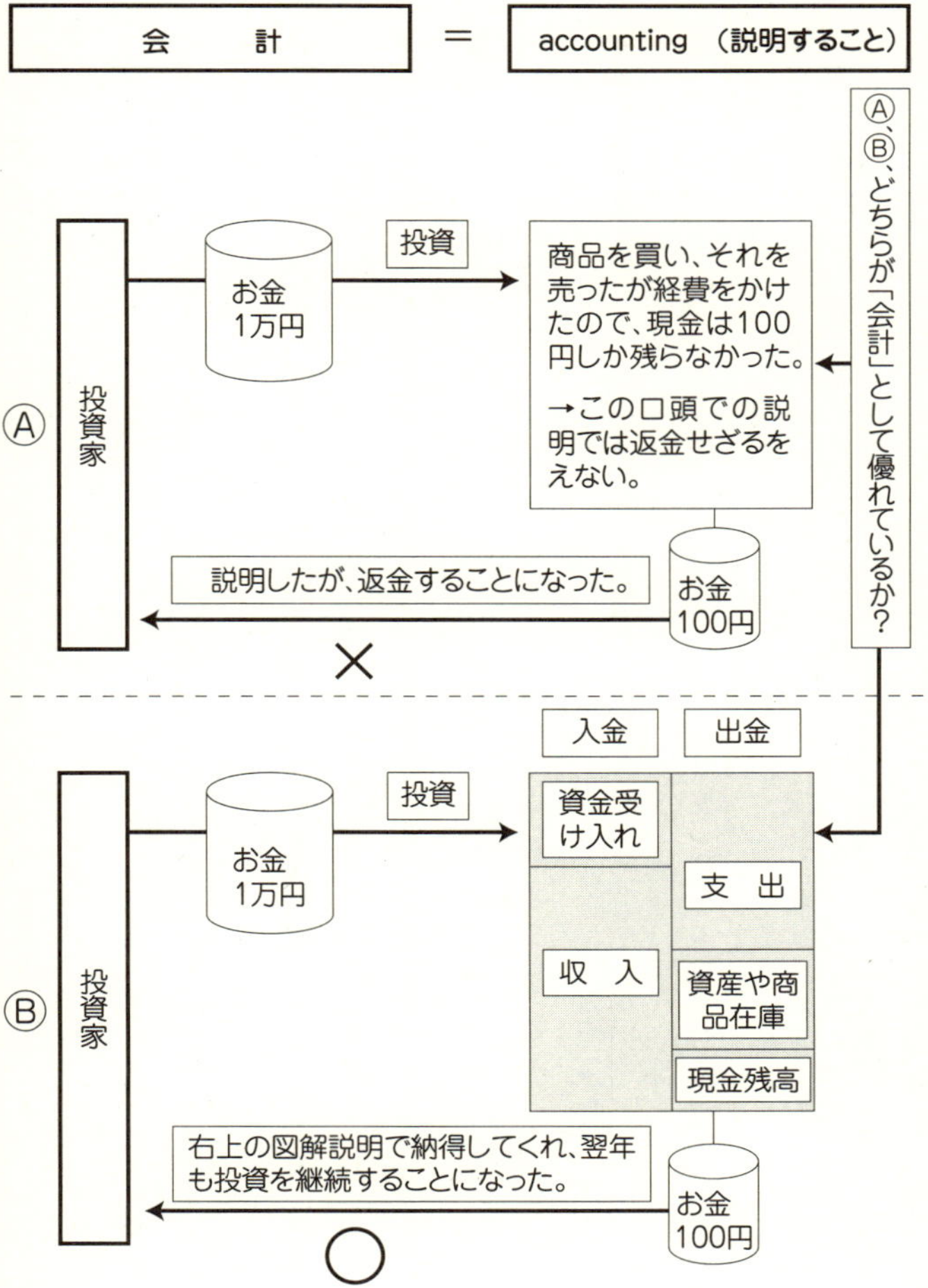
会　　計
＝
accounting （説明すること）
Ⓐ、Ⓑ、どちらが「会計」として優れているか？
Ⓐ
投資家
お金
1万円
投資
商品を買い、それを売ったが経費をかけたので、現金は100円しか残らなかった。
→この口頭での説明では返金せざるをえない。
お金
100円
説明したが、返金することになった。
×
Ⓑ
投資家
お金
1万円
投資
入金
出金
資金受け入れ
支　出
収　入
資産や商品在庫
現金残高
お金
100円
右上の図解説明で納得してくれ、翌年も投資を継続することになった。
○

し、難破しないで戻ってこられたら莫大な財産が転がり込むという、いまでいうベンチャービジネスへの投資みたいなものだが、そこでアカウンティングの技術が発達したのもうなずける。

あなたは、仕事で数字を書き間違えたらどうするか。跡形もなく修正してしまうのはアカウンタビリティの精神には反しているのだ。なにをどう書き間違えて、どのように修正したのかの「足跡」を残すのも、重要な仕事なのである。修正したことが間違いのケースもあるし、修正過程の承認手続きが重要だったりする。他人に説明できてはじめてビジネスといえるのだ。

財務会計と管理会計——「真実の会計」はひとつ

企業向けの会計の仕組み（制度）を「企業会計」といい、だれに説明するかの違いによって「財務会計」と「管理会計」に分けられている。

財務会計は株主や債権者など「企業外部者向け」の会計を、管理会計は経営者や管理者など「企業内部者向け」の会計を指す。前者は法律や規則などにしばられていることが多

真実の会計は1つだが企業会計は2種類ある！

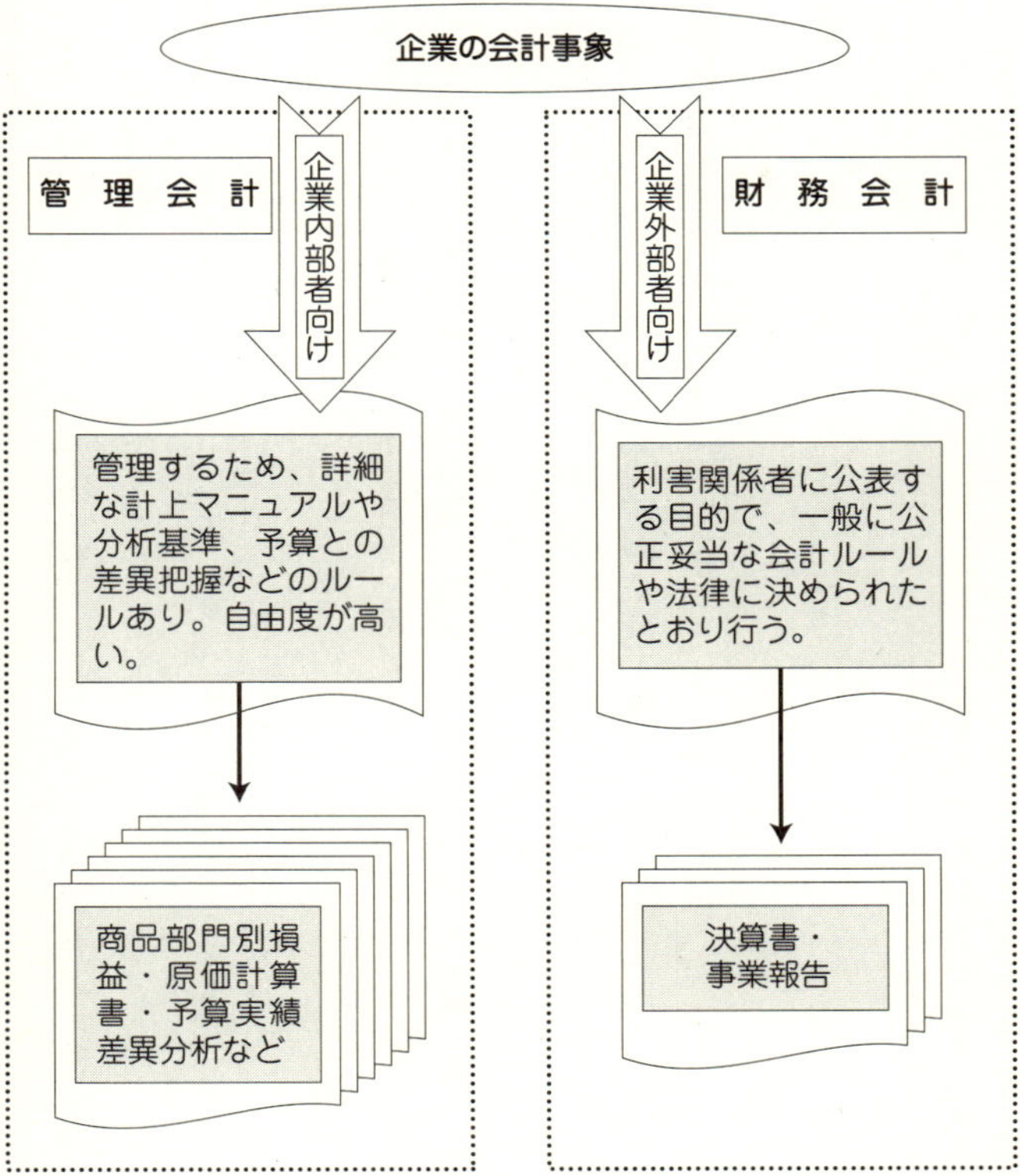
企業の会計事象
管理会計
企業内部者向け
管理するため、詳細な計上マニュアルや分析基準、予算との差異把握などのルールあり。自由度が高い。
商品部門別損益・原価計算書・予算実績差異分析など
企業外部者向け
財務会計
利害関係者に公表する目的で、一般に公正妥当な会計ルールや法律に決められたとおり行う。
決算書・事業報告

いが、後者は外部に公表しないため、部門ごとの業績評価会計や意思決定会計、原価管理、特殊原価調査などを含み、やり方の自由度が高い。

ただし、これらは学問研究上の都合、あるいは説明上便宜《べんぎ》的に分けられているにすぎず、実務で区別されているわけではない。取引の発生から帳簿の記入、試算表、決算書の作成までの流れのなかには、２つの柱があるのではなく、混在しているのだ。

企業の経営行動の足跡を映し出す会計。もともと真実の会計は「ひとつ」しかないはずだが、利害関係者に伝えるため、いかに誤解なくわかりやすく正確に伝えるかということで、いろいろな会計処理・方針・表示方法に関するルールができた。規範となる企業会計原則、連結財務諸表原則、連結キャッシュフロー計算書などの作成基準をはじめ、証券取引法関連の法規・諸規則、会社法関連の法規・規則、税法関連法規・規則・通達など、数えあげればきりがない。

３つの会計処理

ルールを守るということで、３つの側面について触れておくことにしよう。

①選べる会計処理方法は複数ある

ひとつめは、一般に認められている会計処理の方法が2つ以上ある場合があること。たとえば、減価償却《げんかしょうきゃく》の方法を「定額法」で計算するのと、「定率法」で計算するのでは（全部の減価償却費総額は同じでも）毎年の減価償却費の金額に差が出る。定率法では「早めに費用が多く発生し徐々に減少する」のに対し、定額法では「毎年の費用は同額」である。

また、商品の棚卸《たなおろし》方法については先入先出法《さきいれさきだし》、後入先出法《あといれさきだし》、移動平均法などが認められているが、それぞれの方法で売上原価に差が出る。単価の違う同じ商品が倉庫に出入りする、その受け入れ・払い出しの方法を「仮定」するのだ。

先入先出法では最も古く取得したものから順次払い出しが行われ、期末在庫は最も新しく取得したものからなるものとみなして金額を計算する。後入先出法の期末在庫は、最も古く取得したものから構成される。移動平均法では受け入れるたびに単価が平均化されるので、期末在庫は期末最近日に算出された平均単価となる。

ほかの会社との業績比較のとき、この会計処理方法の違いをしっかりと認識しておくことが重要。会計処理は行う人の方針によって変わり、利益が異なってくる。だから貸借対照表（B／S《バランスシート》）と損益計算書（P／L）は真実の姿を表すのではなく、「単なる意見にしかすぎない」ともいわれているのだ。

　ちなみにどの会計処理方法を選択したかは、「重要な会計方針」とか「注記表」として決算書に付随している資料に書かれている。

②一度選んだ会計処理は継続すること

　２つめは、一度選択した方法はみだりに変更してはならない、つまり「継続性を保つ」のが大事ということ。コロコロと会計処理方法を変えると、自社の過去からの業績比較ができないばかりか、利害関係者に「利益操作をしているのではないか」という不要な誤解を与えかねない。変更するのに「正当な理由」があれば別だが。

③会計処理結果は第三者にチェックしてもらう

　３つめは、認められたルールにのっとって会計処理しているか、適正な決算書類を表示しているかどうかを、その企業とは直接利害関係のない独立した第三者（公認会計士・監査法人）に会計監査してもらう制度があるということ。
決算書類を公表・開示することをディスクロージャーと呼び、これと会計監査の制度はセットで、１８４０年代半ばのイギリスではじめて登場した。運河や鉄道建設のための株式会社設立を機に、投資家をだませないよう、会計に一貫性と透明性を持たせることが主眼だった。

株主などの利害関係者の多い証券取引所等への上場会社はもちろん、会社法上の大会社（資本金が5億円以上または負債２００億円以上）も会計監査の対象であるし、別に法律で監査が義務づけられている会社もある。粉飾《ふんしょく》決算（実際より利益を大きく表示する。過少表示は逆粉飾と呼ぶ）が表面化する事件が起こるたびに、監査のルールが厳しくなっていく。

近年、アメリカの大会社、それも超優良といわれていたエンロン社とワールドコム社の不正経理（粉飾決算）が相次いで発覚し、監査法人との癒着《ゆちゃく》が問題視されたことがあった。監査を担当したアーサーアンダーセンという大会計事務所があっという間に消滅し、２００２年7月には内部統制を整備運用するための企業改革法（ＳＯＸ法）が成立した。日本でも２００６年になって、ライブドア事件で同様の問題が起きた。よりよい証券市場、ひいては各国経済の発展のために、企業経営者はもちろん、世界中の公認会計士が襟《えり》を正し、原則に立ち返って不正経理撲滅《ぼくめつ》に資《し》するべきときであろう。

「会計」という訳語がNG

話題を戻そう。会計学の先生たちには申し訳ないのだが、アカウンティング（accounting）の訳語として「会計」というのは、狭すぎてふさわしくないような気がずっとしていた。先日、広告業界の方と話していて、「舶来《はくらい》語の日本語訳がおかしい」という話題で意気投合した。

「アドバタイジング（advertising）を広告、と和訳したのは間違いで、本来は、人の心に訴えかけて購買行動などの動きに影響を与えること、という深い意味があるのです」と彼。それに答えてぼくはこう応じた。「マネジメントだって管理と訳すから、監督するという意味に近くなってしまい、本来の意味がよくわからなくなるんですよね」と。

明治時代に輸入され和訳された言葉を、すべて本来の意味を表すような日本語に訳し直す、などというのはどうだろう。地方公共団体だって「廃県置藩」を検討するような状況下にある（合併の推進と道州制の論議）ので、訳語も明治時代の原点に戻って考え直してみてもいいのではないだろうか。

福沢諭吉が広めた「簿記」

会計の帳簿に記入する方法を「簿記《ぼき》」という。紀元前の古代簿記といわれるものから、いま全世界で使われている「複式簿記」に到達するまで、商取引の発展・複雑化に合わせて徐々に進化してきた。

ルカ・パチョーリというイタリア人が１４９４年に書いた『算術・幾何・比および比例総覧』は、簿記をはじめて体系化した書物としてとくに有名。これにはベニスで２００年以上も使われてきた帳簿記入システムを叙述した、と書かれているそうだ（『新訳会計史』Ｏ・テン・ハーヴェ著、三代川正秀訳、税務経理協会）。

簿記を英語ではbookkeepingといい、なぜか発音が簿記に似ている。最初の訳者が工夫したのだろう。

日本では古くから「帳合《ちょうあい》」といわれていたようだが、明治６年に福沢諭吉《ふくざわゆきち》が『帳合之法』

という簿記法の訳書を出版して以降、簿記という言葉が一般化した。彼は、自分で訳しておきながら「私はこの簿記法を実に活用することが出来ぬのみか、他人の記した帳簿を見ても甚だ受け取りが悪い」と苦手ぶりを明らかにしている（『福翁自伝』福沢諭吉著、岩波文庫）。

ぼくも仕事でしかたなく簿記とつきあっているが、好き嫌いでいえば嫌いの部類に入る。決まっていることが多すぎ、それらを覚えなければならない。応用を利《き》かせる分野がきわめて少ない……などというと簿記の先生たちに叱《しか》られそうだ。

複式簿記は決算書の基礎

簿記といえば、「複式簿記」のことを指すことが多い（左図参照）。

「複式」とは、すべての取引を左側（借方《かりかた》）と右側（貸方《かしかた》）の2つの要素（勘定科目）に分けるという意味を持つ。ひとつの事象を2つの観点から分析する手法と考えるとわかりやすい。具体的には、帳簿の、勘定科目ごとにそれぞれ別々の場所に記入し、試算表をつくり、最終的には貸借対照表と損益計算書という決算書ができあがるという方法のことで

複式簿記の流れ

1つの事象を2つの観点から分析!

取引

9月1日1000円の商品を掛けで甲社へ売った。

仕訳帳

＜仕訳帳 または 仕訳伝票＞

月	日	摘要	借方	貸方
			円	円
9	1	甲社へ掛売する。		
		(借)売掛金	1,000	
		(貸)売上高		1,000

仕訳の結果を元帳に転記する

総勘定元帳

＜勘定元帳の売掛金のページ＞

月	日	摘要	相手科目	借方	貸方	残高
				円	円	円
9	1	甲社へ掛売する。	売上高	1,000		1,000
⋮	⋮					⋮
3	31	期末残高				XXX

＜勘定元帳の売上高のページ＞

月	日	摘要	相手科目	借方	貸方	残高
				円	円	円
9	1	甲社へ掛売する。	売掛金		1,000	1,000
⋮	⋮					⋮
3	31	期末残高				XXX

期末3月31日(または月末)にすべての科目の残高を試算表に転記する

試算表

B/SとP/Lに分割する

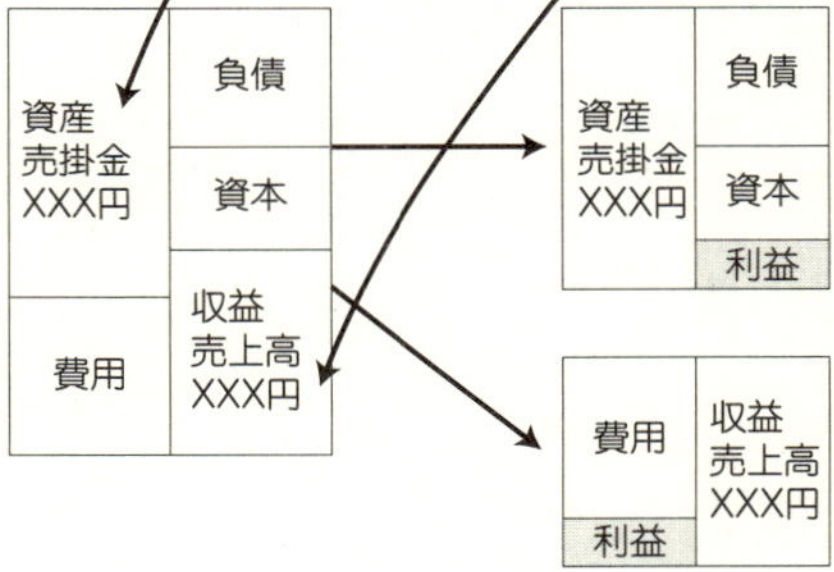

あり、時間や速度などの要素を取り入れて、三式簿記、四式簿記などと発展していってもいいのだろうが、「2つの要素」とか「左と右の二重性」という構造がわかりやすく、間違いが起こりにくいので、複式のまま普及・発展は止まっている。

いまや、複式簿記は、世界共通言語なのである。

ビジネスマンには、これからの時代にますます必要な経営感覚を研《と》ぎ澄《す》ますためにも、決算書を自在に読みこなす力をつけてほしい。決算書の基礎を形づくっているのは複式簿記なので、当然、その仕組みも理解しておくべきだ。簿記の仕組みを理解しているのとそうでないのとでは、決算書読解力に相当な差が出る。

実務経験があれば、簿記は難しくない

複式簿記なんて、いまさら自分には無理？　いや、そんなことはないと断言できる。

過去に、経理財務とは無縁だった人に簿記の仕組みを教えたことがある。この人（41歳だったと記憶する）は30分でおおよその流れを理解した。なぜそんなことが可能だったのか。じつはこの人は、この歳までさまざまな業務を経験してきていて、本当は簿記に必要

な知識を大枠で理解していたのだ。ただ、きちんと勉強したことがなかったので、それが簿記に役に立つということがわかっていなかった。だから「自分に簿記なんてできませんよ」といっていた。ところが、ちょっと体系的に話したら、点と点を結び合わせて円をつくるかのようにすべての知識がつながって、すぐにその仕組みを理解してしまった。さすがにぼくも驚いた。

そのときこんなことを考えた。「このくらいのキャリアを積んだビジネスマンには、きっかけさえあればいいんだな。それをつかむチャンスがないだけなのかも」と。この彼は、その後も勉強をつづけたのが報《むく》われたのだろう。後日、上場企業の財務経理担当の役員（ＣＦＯ＝Chief Financial Officer）になった。

複式簿記の仕組み

さて、複式簿記の仕組みは次のようになっている（１２８〜１２９頁図表参照）。

会計上の取引は、必ず「資産」「負債」「資本」「収益」「費用」の５つの科目のうちのどれか２つの科目に分類される。科目を「箱」とか「カバン」に置き換えてもよい。

複式簿記は「会計上の取引を5つのうちの2科目に分類する」ことからはじめる

概念図

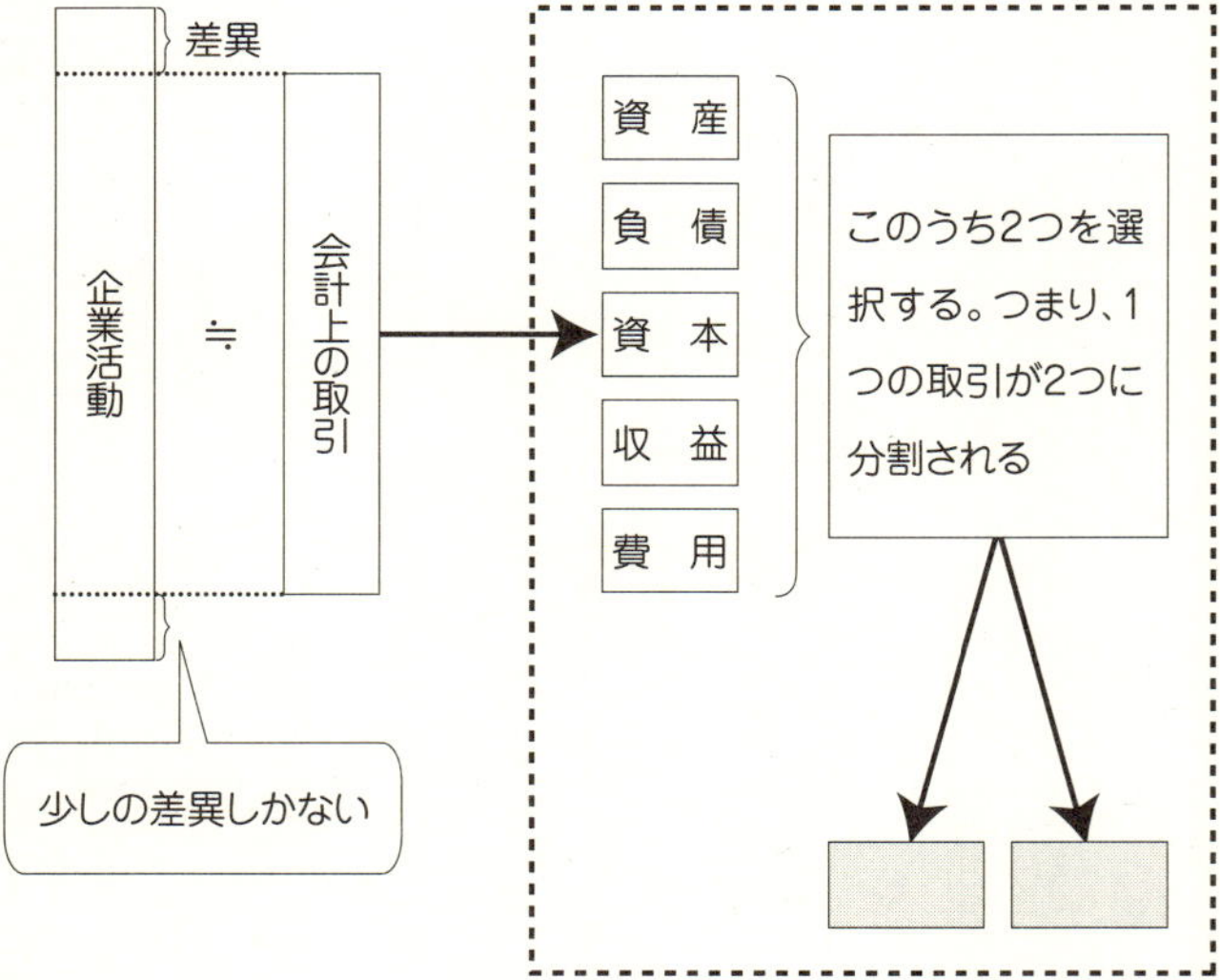

（注）厳密にいうと、5科目がそれぞれプラスとマイナスの両方があるので、10科目のうちの2つを選択することになる。

実例

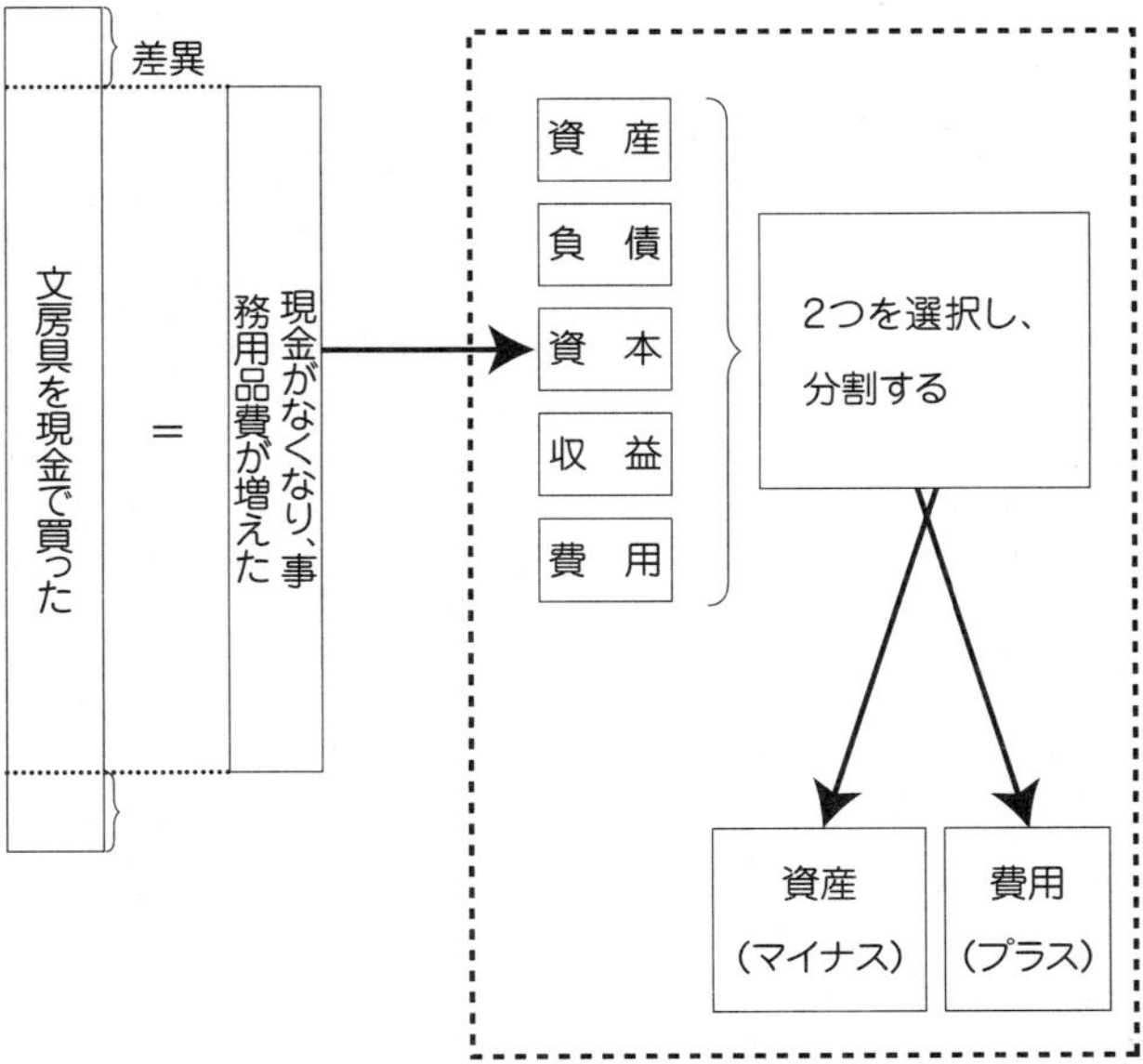
差異
文房具を現金で買った
＝
現金がなくなり、事務用品費が増えた
資　産
負　債
資　本
収　益
費　用
2つを選択し、
分割する
資産
（マイナス）
費用
（プラス）

この5つの箱は、所在場所、つまり本籍地が決まっていて、それぞれ「資産」と「費用」が借方（左側）、「負債」「資本」「収益」の3つが貸方（右側）である。本籍だからそこが基本となる位置で、増えた場合（プラス）にはこの基本位置に、減少した場合（マイナス）には反対側に記入される。

「商品を売り上げ、現金１００円を入金した」という取引は、売上という行為があり、現金が増えたと考える。つまり「収益」のなかの売上高のプラスと「資産」のなかの現金のプラスという要素に分けられ、記録される（専門用語では「仕《し》訳《わけ》する」という）。仕訳日記帳という帳簿か、または仕訳伝票に（借方）現金１００円、（貸方）売上高１００円と記入される。

その仕訳に基づいて今度は、勘定科目ごとに「日付、取引の内容、借方金額、貸方金額、残高」が記載できる総勘定元帳という名前の帳簿を取り出し、現金のページの借方側に１００円と記入し、同じ元帳の売上高のページを開き、その貸方側に１００円と記入するのである。

取引の基本はたった8種類

5つの箱で、それぞれプラスの位置（増加）とマイナスの位置（減少）があるので、取引の種類は25通りあるが、基本はこのうち8種類くらいしかない（１３２〜１３３頁図表参照）。

この5つの箱の名称とその本籍地を覚えただけで、簿記の基本をほとんど征服したと考えて差し支えない。基本は意外と簡単なのだ。

5つの箱は「大科目」と呼んでもよく、この箱のなかには、中分類の科目、そのまた小分類の科目という具合に勘定科目がたくさん入っている。代表的な科目は１３４〜１３５ページの表のとおりだ。

簿記の2つの謎

取引のつど、毎日、一年間のすべての取引の仕訳と元帳記入をくり返し、決算期末日になったら元帳を締め切る。「締め切る」とは、科目のページごとに借方と貸方を合計し、

8種類の取引と仕訳の例

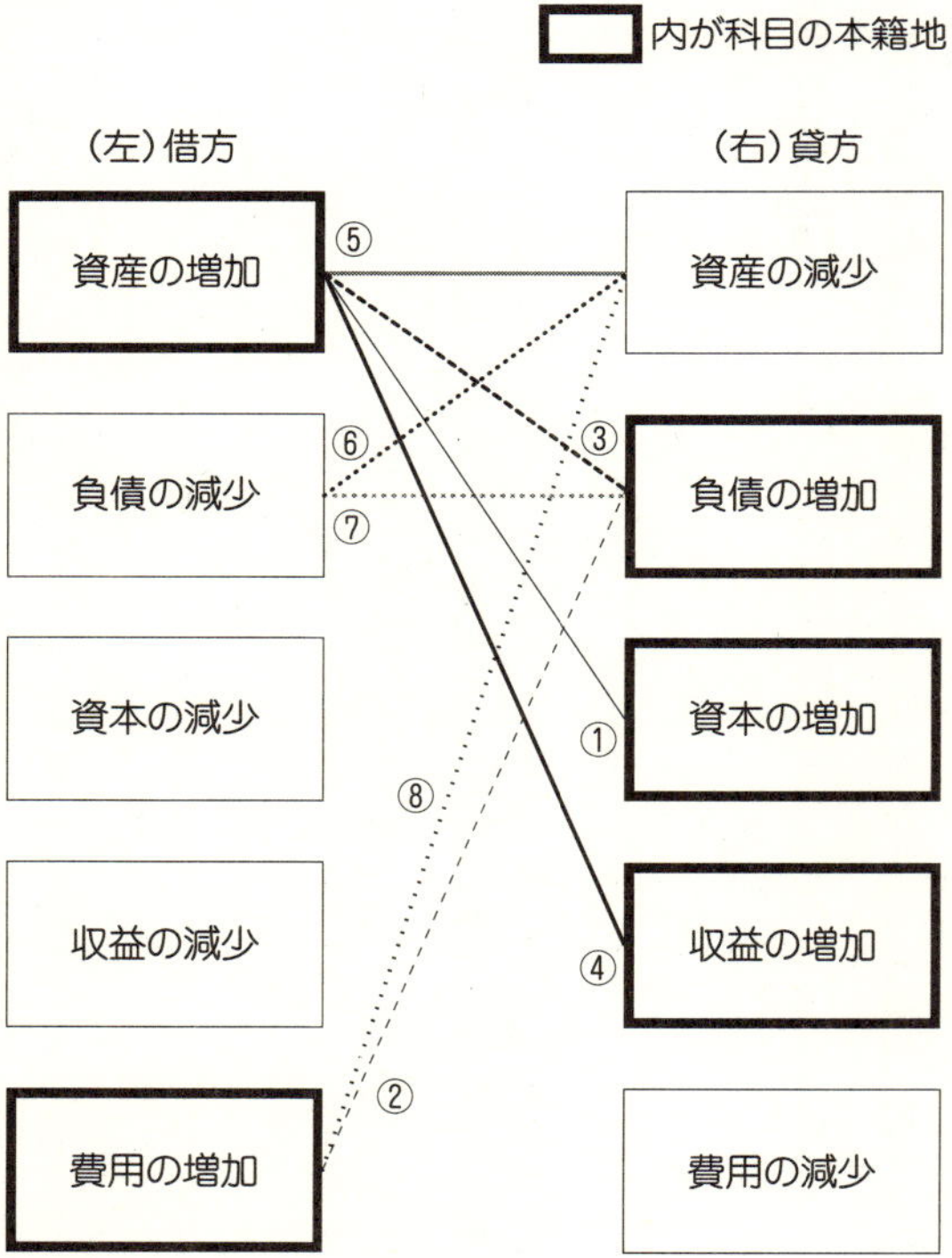

① 資産の増加 ―― 資本の増加

1000万円の元手を預金し、資本金として会社をはじめた。
（借方）預金1000万円　（貸方）資本金1000万円

② 費用の増加 ------- 負債の増加

商品100万円を掛けで仕入れた。
（借方）商品仕入高100万円　（貸方）買掛金100万円

③ 資産の増加 ---------- 負債の増加

銀行から500万円借り入れた。
（借方）預金500万円　（貸方）借入金500万円

④ 資産の増加 ―― 収益の増加

商品を80万円で売り、掛けにした。
（借方）売掛金80万円　（貸方）売上高80万円

⑤ 資産の増加 ―― 資産の減少

売掛金80万円が回収され、預金に振り込まれた。
（借方）預金80万円　（貸方）売掛金80万円

⑥ 負債の減少 ………… 資産の減少

借入金を50万円、預金から返済した。
（借方）借入金50万円　（貸方）預金50万円

⑦ 負債の減少 ………… 負債の増加

買掛金100万円を、手形を振り出して支払った。
（借方）買掛金100万円　（貸方）支払手形100万円

⑧ 費用の増加 ………… 資産の減少

事務用品10万円を、預金を引き出して購入した。
（借方）事務用品費10万円　（貸方）預金10万円

代表的な勘定科目の例

貸借対照表科目	大科目	中科目(1)	中科目(2)	小科目
貸借対照表　科目	資産	流動資産		現金及び預金
				受取手形
				売掛金
				商品
				製品
				原材料
				仕掛品
				貯蔵品
				前渡金
				未収入金
				前払費用
				その他
		固定資産	有形固定資産	建物及び附属設備
				構築物
				機械及び装置
				工具器具備品
				土地
				建設仮勘定
				その他
			無形固定資産	営業権
				特許権
				借地権
				ソフトウエア
				その他
			投資その他の資産	投資有価証券
				関係会社株式
				出資金
				長期貸付金
				長期前払費用

大科目	中科目(1)	中科目(2)	小科目
資産	繰延資産		創立費
			開業費
			新株発行費
			ほか商法上の4科目
負債	流動負債		支払手形
			買掛金
			短期借入金
			未払金
			未払費用
			未払法人税等
			未払消費税等
			前受金
			預り金
			その他
	固定負債		社債
			長期借入金
			長期未払金
			退職給付引当金
資本（純資産）	資本金		
	資本剰余金	資本準備金	
		その他資本剰余金	自己株式処分差益
			その他
	利益剰余金	利益準備金	
		任意積立金	中間配当積立金
			別途積立金
			その他
		当期未処分利益	
	株式等評価差額金		
	自己株式		

損益計算書　科目	収益	売上高	
		営業外収益	受取利息
			有価証券利息
			受取配当金
			不動産賃貸料
		特別利益	前期損益修正益
			固定資産売却益
	費用	売上原価	商品期首棚卸高
			製品期首棚卸高
			当期商品仕入高
			当期製品製造原価
			商品期末棚卸高
			製品期末棚卸高
		販売費及び一般管理費	広告宣伝費
			販売手数料
			荷造運賃
			貸倒引当金繰入額
			給与手当
			賞与
			退職金
			法定福利費
			厚生費
			旅費交通費
			通信費
			会議費
			賃借料
			減価償却費
			修繕費
	費用	販売費及び一般管理費	水道光熱費
			事務用消耗品費
			支払手数料
			交際費
			寄付金
			諸会費
			雑費
		営業外費用	支払利息
			社債利息
		特別損失	前期損益修正損
			固定資産売却損
			災害損失
		法人税、住民税及び事業税	
		法人税等調整額	

(注) 損益計算書の売上総利益、営業利益、経常利益、税引前当期利益、当期利益などの利益の科目は、あくまでも計算結果であるため、会社で仕訳に使用する勘定科目には表れてこない。

前期末からの残高に基づいて当期末の各科目ごとに残高を出すこと。読者はここで不思議な現象を2つ目撃することになる。

①すべての勘定科目は、必ずその本籍地側に残高が残る。

②残高がゼロ以外の勘定科目を、ひとつの表の上で全部借方（左）側と貸方（右）側に並べてみると、残高の借方合計と貸方合計が等しい。

不思議なのだが、じつは当たり前のことなのだ。これら以外のことが生じたとしたら、どこかが間違っていたか、なにか異常な事態が起きたことになる。調べるきっかけにもなる。

「なぜか？」ここが複式簿記のすぐれたところなのだが、これ以上の説明は簿記の専門書に譲ろう。興味を持って取り組んでほしい。

福沢諭吉は『学問のすゝめ』のなかで「商売に一大緊要なるは、平日の帳合を精密にして、棚卸の期を誤《あやま》らざるの一事なり」と述べ、日々の簿記を正確に行うことと同時に、棚卸、とくに商品・原材料などの棚卸資産の受け払いおよび残高の管理が重要であることを説いている。

なお、最近では安価（数千円〜数万円）で良質の会計パソコンソフトが出回っており、複式簿記に熟練していなくとも簡単に仕訳ができ、その仕訳から帳簿に自動的に転記され、期末には自動的に締め切られると同時に試算表ができるようになった。結果的に決算書もできる。「1億総ブックキーパー」の時代といえるかもしれないが、そんな時代においてもビジネスマンには、いままで述べた簿記の仕組みの基礎は理解しておいてほしい。

「決算書」も3つの要素でできている

会社の一年間の成績は、「決算書」という形で表される。決算書は次の3つが主なものだ。まずはこれらの言葉に慣れよう。

①貸借対照表（B／S）

一定の時点で、どのくらい財産（マイナスの財産も含めて）を持っているかを表す。借方（プラス財産）と貸方（マイナス財産、つまり負債と資本）にバランスしているので、バランスシート（balance sheet）と呼ばれ、Ｂ／Ｓと略される。

②損益計算書（Ｐ／Ｌ）

ある期間のなかで、いくら儲かったかを表す。文字どおり利益（profit）と損失（loss）を示すので profit and loss statement と称され、Ｐ／Ｌと略される。income statement とも表記される。

③キャッシュフロー計算書（Ｃ／Ｆ）

現金を生み出す力はどの程度かを表す。Ｃ／Ｆと略す。

前述したように、Ｂ／ＳとＰ／Ｌは、複式簿記の結果としてできあがる。一年間に１回だけでなく、１ヵ月ごとにつくる月次決算書というものもある。Ｃ／Ｆは月次決算書としては「資金繰《ぐ》り実績表」という形でつくられることが多い。

数字が苦手な人にとって、数字ばかり並んでいる決算書ほど無味乾燥でつまらないものはないかもしれない。しかし、自分が経営者を務める会社の売上とか利益であったら、そんなことはいっていられないはずだ。

「社員一人あたりの決算書」をつくろう

　会社の決算書を身近なものにするためによい方法がある。まずは、「社員一人あたりの決算書」をつくることである。ちなみに、この一人あたりに換算して算出する方法は、きわめて有効なやり方なので、さまざまな経営指標の理解を高める方法論としてたびたび触れることになる。

　たとえ大きな数字でも、すべての項目を社員数で割ってみれば身近なものになり、数字を読むときにより真剣になる。一人あたり損益計算書で、売上高や経常利益などが自分の年俸と比べて何倍かを見るのもよい。

　ちなみに、トヨタ自動車の平成17年３月期の連結ベース（グループ会社全体の連結決算書）の売上高、税金等調整前当期純利益（同社は米国基準で決算書を作成しているので経常利益が存在しない）はそれぞれ18兆５５１５億円、１兆７５４６億円と莫大な数字であるが（１４１頁参照）、連結会社全体の従業員数である26万５７５３人で割ってみると、売上高６９８０万７０００円、当期純利益６６０万２０００円となる。年俸７００万円の人であれば、売上高は10・0倍、経常利益は0・9倍となり、より身近な数字として感じられるだろう。

もうひとつの方法は、一日あたり決算書、とくに一日あたり損益計算書をつくってみるのだ。年間稼働日数で割り算するか、年中無休だったら３６５で割ればよい。一日でこんなに稼《かせ》がないとやっていけない、ということに気づくだろう。

当然のことだが、一日あたり損益計算書では、売上高などすべてが平均値を示す。小売業では平日を1とすると、土日祝日は4とか5になるし、2月・8月と12月などは実際の一日あたりの数字とは大きく異なってくることになる。

ここで、数字に慣れるための工夫について一言。

①数字を紙に書いてみる。手になじませるというのは、脳に直接働きかけることではないだろうか。パソコンに打ち込んでも覚えないが、紙に書くと覚えるというのはだれでも経験があるはず。

②大事だと思ったそれぞれの数字を、前年度、5年前、10年前と比較してみる。

③表をつくったり、グラフにしてみたりする。形式は独自でかまわない。とにかくやってみよう。

トヨタ自動車株式会社の主な経営指標（連結ベース）

	決算期	単位	平成16年3月期	平成17年3月期	
①	売上高	百万円	17,294,760	18,551,526	
	税金等調整前当期純利益	百万円	1,765,793	1,754,637	⑥
	当期純利益	百万円	1,162,098	1,171,260	⑦
②	純資産額	百万円	8,178,567	9,044,950	
③	総資産額	百万円	22,040,228	24,335,011	
	1株あたり純資産額	円	2,456.08	2,767.67	⑧
	1株あたり当期純利益	円	342.90	355.35	⑨
④	自己資本比率	%	37.1	37.2	
	自己資本利益率	%	15.2	13.6	⑩
⑤	営業活動によるキャッシュフロー	百万円	2,186,734	2,370,940	
⑤	投資活動によるキャッシュフロー	百万円	-2,216,495	-3,061,196	
⑤	財務活動によるキャッシュフロー	百万円	242,223	419,384	
	現金及び現金同等物期末残高	百万円	1,729,776	1,483,753	⑪
	従業員数	人	264,410	265,753	
	平均臨時雇用人員	人	40,973	59,481	
	合計　人員	人	305,383	325,234	⑫

① グループ全体での売上高は国家予算並み

② 自己資本ともいう

③ 現金預金、建物、機械、投資などすべての資産の合計額

④ 総資産に占める純資産の割合。自己資本でまかなっている資産はどの程度かを示す

⑤ キャッシュフロー（現金の流れ）については159ページ以降参照のこと

⑥ 法人税等を差し引く前の利益

⑦ 法人税等を差し引いた後の利益

⑧ 発行済み株式数で純資産額を割った数値

⑨ 発行済み株式数で当期純利益を割った数値

⑩ 当期純利益を純資産額（期首・期末の平均値）で割ったもの

⑪ 期末時点の現金預金の残高がこんなにあるとは。さすが、トヨタ銀行！

⑫ 32万人が勤める会社もすごいけれど、もし機械化していなかったら数十倍の人員は必要か？

蛇足ついでに、もうひとつ。日本の国債や借入金を合計した「国の借金」が２００５年12月末で８１３兆１８３０億円になったという（２００６年３月25日付日本経済新聞）。８００兆を超える借金なんてピンとこないが、国民の数で割ると、一人あたり６３６万円になる。これでもとんでもない数字だ。今後の長期金利上昇局面では国債の利払い増加が懸念されるが、歳出削減努力で「小さな政府」への取り組みを期待したい。

バランスシートで会社の「経営スタイル」が見える

複式簿記の結果、決算期末にできあがった全勘定科目の借方と貸方の残高表を試算表（trial balance を訳したもの。Ｔ／Ｂと略す）という。これを「資産、負債、資本のグループ」と「収益と費用のグループ」に分ける。前者が貸借対照表（Ｂ／Ｓ）になり、後者が損益計算書となる。上下に無理やり分離するのだが、切り口は同じ。じつはその切り口部分こそが、当期の利益になる（左図参照）。

分離変身した後の貸借対照表を定義すると、こうなる。

会社が買ったり運用したりしている「資産」を借方（左側）に書き、その資産はなにが

試算表からできる2つの切り口（利益か損失か？）

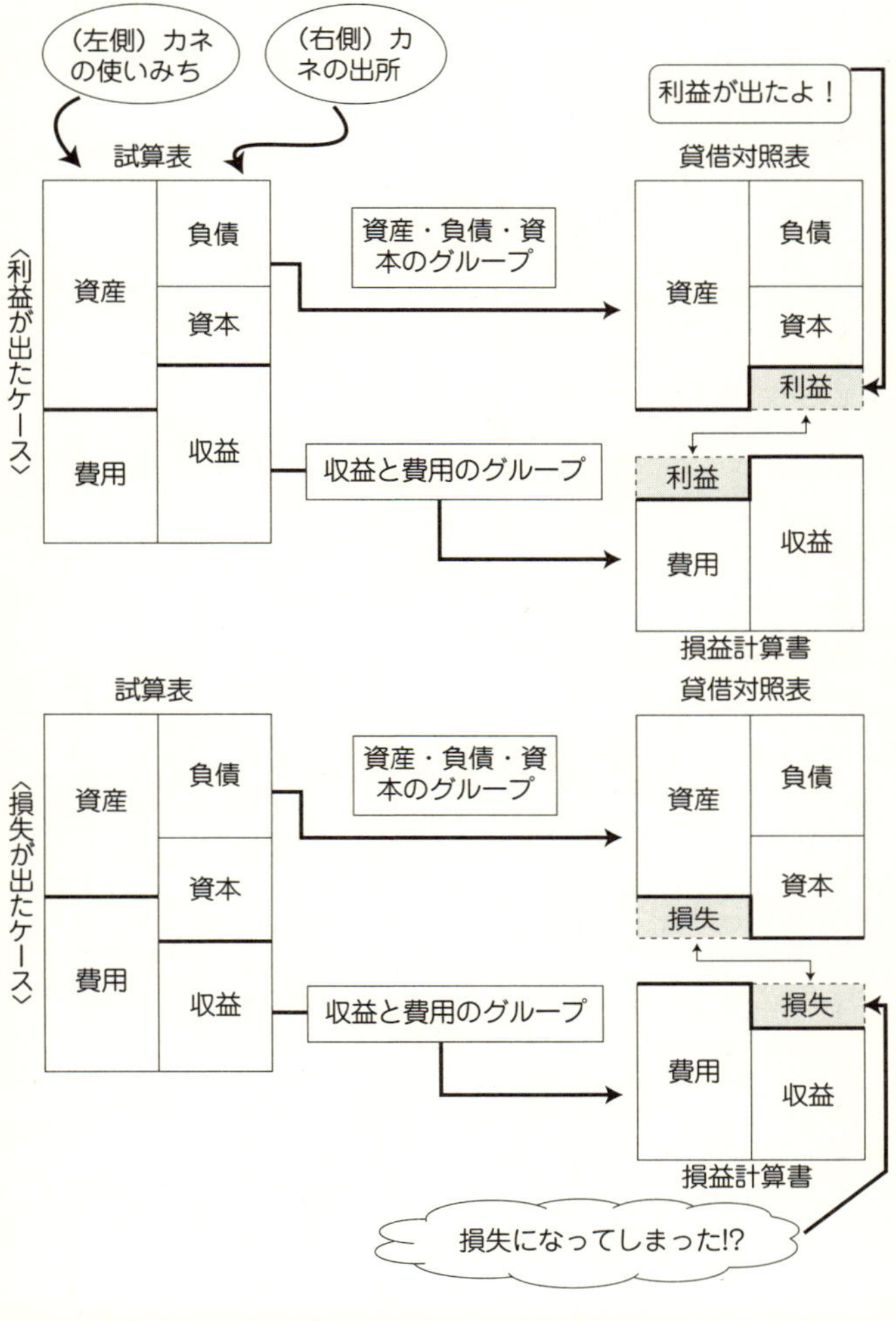

元手で手に入れたか、つまり借入金などの「負債」なのか、株主からの出資などによる「資本」なのかどうかの状態を貸方（右側）に書いた成績表のこと。簡単にいうと、借方がカネの「使いみち」で、貸方がカネの「出所」。

一年に1回の本決算なら決算期末日だが、「ある日」の瞬間の状態を表すので、スナップ写真に、よくたとえられる。貸借対照表という表題の下に必ず「○○年××月△△日現在」と書かれている。

バランスシートのどこをどう見たらいい？

参考までに、次頁に典型的B／Sの一例を掲げておいた。こちらもご覧いただきたい。メーカーなどは、工場や機械装置などの「有形固定資産」の割合が多い。小売店でも自前の店舗であれば土地・建物などが計上されているだろうが、テナントとして賃借しているのであれば有形固定資産は少なく、敷金・保証金などの「投資その他の資産」が多くなる。

貸借対照表（B／S）を見て、どんな業種か見分けられるようになれば一人前だ。もっ

貸借対照表の典型例

貸借対照表

平成○○年○月末　　　　(単位:円)

	科目	金額	科目	金額	
	現金	96,573	買掛金	9,856,187	
	当座預金	2,382,141	未払金	3,158,690	
	普通預金	7,518,272	短期借入金	6,849,949	
	定期預金	3,574,922	未払法人税等	3,431,250	
	受取手形	5,991,547	未払消費税等	2,810,600	
	売掛金	32,101,751	未払費用	4,282,438	
	有価証券	1,575,650	前受金	1,532,684	④
①	商品	3,385,500	預り金	832,564	
	未収入金	223,568	その他	655,099	
	貸倒引当金	-268,000	流動負債 計	33,409,461	
	流動資産 計	56,581,924	長期借入金	72,568,910	
	(有形固定資産)	88,314,051	固定負債 計	72,568,910	
	建物	5,012,743	負債合計	105,978,371	
	構築物	659,417	資本金	15,000,000	
②	機械装置	3,562,895	利益準備金	3,750,000	
	器具備品	218,928	別途積立金	43,700,000	
	車両運搬具	13,060,068	当期未処分利益	11,528,228	
	土地	65,800,000	(うち当期利益)	6,538,746	
	(無形固定資産)	336,239	資本合計	73,978,228	
	電話加入権	336,239			
	(投資その他の資産)	34,724,385			
	出資金	105,000			
③	敷金	300,000			⑤
③	差入保証金	800,000			
	保険積立金	33,519,385			
	固定資産計	123,374,675			
	資産合計	179,956,599	負債資本合計	179,956,599	

① 小売業は商品だが、メーカーは製品・仕掛品・原材料という棚卸資産が重要

② メーカーは機械装置などの固定資産の割合が高い

③ 小売店などテナントとして賃借しているとここが増える!

④ 借入金はどの程度か? 過大になっていないか、気になる点だ

⑤ 総資産に占める資本(純資産)の割合は、高いほど財務の安全度は高い

とも最近では、「つくらないメーカー」というのも増えてきたので、完全に見分けるのは不可能かもしれないが。

決算書でわかる欧米vs.日本経営の違い――プロセスか結果か

もしあなたが決算書を分析する立場に立ったとしたら、貸借対照表（B／S）と損益計算書（P／L）のどちらを重視するだろうか。日本の多くのビジネスマンは、一定期間の損益を表す「P／Lを重視する」と答えるだろう。だが、欧米では「B／Sを重視している」と答える人が多いようだ。

P／Lは一年間の損益の状況を示すが、B／Sは過去からの損益状況の積み重ねの結果とはいえ、一時点の財産の状況しか示していない。P／Lは「期間」の経営努力を見、B／Sは「時点」の結果を見る道具なのだ。

P／Lはプロセス、B／Sは結果といったほうがわかりやすい。中長期の視点に立つ日本の経営者と、短期的な視点に立つ欧米の経営者の、力点を置くポイントの差を見る思いだ。短期決戦しかさせてもらえない欧米の専門経営者の悲哀、と考えられなくもない。

B／S重視の経営とは、適正規模で効率的な資産運用と資金調達を重視すること。逆にいえば、無駄な資産や不良資産、含み損のある資産を減らし、有利子負債を徹底して減らす、現在や将来への負債の引き当てをすることなどである。

少し古いが、あまりない事例なので紹介しておく。日産自動車の平成12年3月末の連結B／Sで注目すべきものがあった。それは引当金、とくに事業構造改革引当金であった。会計方針の注記を見ると「日産リバイバル・プランに基づく事業構造改革に伴い、今後発生が見込まれる費用について、合理的に見積もられる金額を計上している」と記載されていた。ほとんどほかに例のない引当金だが、あることがらが次期以降に発生する原因が当期にすでに存在していて、金額を合理的に見積もることができれば引当金として計上できる。構造改革費用を「次期以降支出するという原因が当期に存在する」根拠について、どのような理論づけをしたのかわからないが、事業構造改革引当金を１６４５億円計上していた（税務上はおそらく有税だろう）。同じ年度の連結損益計算書を見ると、特別損失の項目に事業構造改革特別損失として２３２６億円が計上されていた。

この年度は、過去の膿《うみ》を全部出し切って当期純利益はマイナス６８４３億円となり、翌年度以降のV字回復の土台をつくったといえよう。ビジネスマンには、細かい数字はさておいても、こうした「流れ」をぜひ読み取れるようになってほしい。

効果的な「個人のバランスシート」

ここで提案だが、会社のB／Sに慣れるために、個人のB／Sをつくってみたらいかがだろう。

左側（借方）の「資産」には大きく分けて流動資産と固定資産が、右側（貸方）の「負債」には短期のカードローン、長期の住宅ローンなどが入る。資産から負債を差し引いたものが「正味財産＝純資産」となり、会社でいえば自己資本である。流動資産には現金、預金、株式、投資信託が含まれ、固定資産には住宅などの土地建物、敷金・保証金、ゴルフ会員権などが入る。固定資産はできれば時価で計上したい。自分が経営している会社への貸付金は、短期で戻るなら流動資産、長期であれば固定資産ということになる。

年間の収入から支出を引いた差額がプラスで、純資産の金額が年間支出の2～3年分あると一応安心だろうが、逆に、住宅ローンがあって住宅の時価が下がった場合には、純資産がマイナスということもありうる。債務超過の状態なので、会社と同じように再建計画

個人の貸借対照表をつくろう！

○○年○月現在　　　　（単位：円）

流動資産		**負債**	
現金		銀行借入金	
預金		未払金	
有価証券（株式、社債など）		リース未払金	
		正味財産	
固定資産			
建物			
土地			
ゴルフ会員権			
敷金・保証金			
その他			
合　計		合　計	

Ⅰ　流動資産＋固定資産－負債＝正味財産となる。

Ⅱ　現金、預金、有価証券などの流動資産（すぐに現金化できる流動性の高い資産）は、できれば生活費の1年分は確保しておきたい。

Ⅲ　この貸借対照表に計上されているのは現時点で、有形のものだけ。次のものも検討してみよう。

（1）生命保険

（2）自分に投資し、自分の強みを磨き、「個人ブランド」を評価して計上できればなおよい。最高の「資産運用」だろう。

が必要。債務超過までいかないがローンが多い場合、現在のような超低金利時代には、株式投資や金融商品などの運用よりも、まずローンの返済が先決である。

個人の場合も会社の場合も同じだが、バランスシートは「結果の産物」ととらえるのではなく、一年後にどのようなバランスシートにしたいのか、経営努力の結果として見る。そういうイメージを持って生活、あるいは経営することが大事だ。

「損益計算書」のポイント

決算時に、試算表からＢ／Ｓを切り離すとＰ／Ｌが残る。したがって借方に費用の科目、貸方に収益の科目が書かれている表がＰ／Ｌのはずである。ところが、このような表（「勘定式」という）では見にくいということで、「報告式」が一般的なＰ／Ｌの形となった（左図参照）。

収益から費用を差し引いてマイナスなら損失、プラスなら利益を算出するので損益計算書と呼ばれるが、いったいどのタイミングで損益を確定するのだろうか。たとえば「売り上げた」というのはどのタイミングか、「商品を仕入れた」とはどのタイミングか。これ

P/Lは勘定式より報告式のほうが見やすい

損益計算書（勘定式）

費用	収益
売上原価	売上高
販売費・一般管理費	営業外収益
営業外費用	特別利益
特別損失	
法人税・住民税・事業税	

⇔

損益計算書（報告式）

売上高
－ 売上原価

売上総利益
－ 販売費・一般管理費

営業利益
＋ 営業外収益
－ 営業外費用

経常利益
＋ 特別利益
－ 特別損失

税引前当期利益
－ 法人税・住民税・事業税

当期利益

===

損益の考え方は「現金主義」と「発生主義」の2通り

会計上の取引	現金主義	発生主義
売り上げた	売り上げて、請求金額が現金で入金したときに売上高を計上する。	商品を顧客向けに出荷したとき、顧客に商品を手渡したとき、顧客に検収を受けたときを「取引の発生」と考えて、売上高を計上する。
商品を仕入れた	商品が手元に納品され、現金で支払ったときにはじめて仕入高を計上する。	商品が納品されたときに仕入高を計上する。後に請求書がきたとき、計上額をチェックできる。
文房具を買った	現金で支払ったときに事務用品費を計上する。	文房具が納品されたときに納品書に基づいて事務用品費を計上する。
その他、あらゆる取引	現金の入出金が会計処理（仕訳）のベース。	現金の入出金に関係なく、取引が発生したときをもって仕訳する。金額が確定し請求したとき、契約書を締結したときなどもそうだ。

取引の最後にならないと現金の入出金がないケースも多く、取引の認識が遅くなる欠点がある。たとえば、売り上げて請求しても、未入金のうちは記帳されないので、管理できない。

完全にいつでも発生主義をつらぬくのは実務上は難しいので、中小企業では月中は現金主義で記帳して、月末あるいは決算期末のみ発生主義に修正している。

には「現金主義」と「発生主義」という2つの考え方がある。

現金主義というのは、現実の現金の動きにのみ注目する考え方で、商品を出荷し、売り上げた「現金が入金した時点」で売上を計上するやり方。仕入や経費支払の場合でも、商品が入荷した時点で、仕入高や経費を発生（同時に未払金や買掛金を発生）させるのではなく、「現金で支払った時点」で仕入高や経費を発生させるのだ。

一方、発生主義とは、商品を出荷したり、サービスが完了して請求書を出した時点で会計上の取引として、「売上高」を認識（会計処理）する方法をいう。取引が「発生」した時点で仕訳するので、そう呼ばれる。

理論的には発生主義のほうが優れているので、株式公開企業はもちろん、多くの企業がこれを採用している。中小・零細企業・個人事業では、期中（決算月末以外の普通の月）には現金主義で仕訳し、決算期末にのみ発生主義に直すことも行われている。

企業の「利益」には5つある

P／Lは「収益－費用＝利益」を示す表だが、売上高からはじまって儲《もう》けの出るプロセ粗利率は薄利多売型の商売であれば5～10%、逆にめがねの小売りのように原価率の低い商品を売っていると50～60%ということもある。この「商売の損益基本構造」をきちんと理解したい。

メーカーの販管費は少ないが、小売業はここが相対的に多額になる。めがね小売業では、土日以外の客はまばらだが、ウィークデーにも人件費、店舗の賃料・維持管理にカネがかかっていることが、この箱を見てわかる。

低金利時代とはいえ、金利の先高感がありバカにはできない〝箱〟である。「経常利益」は新聞など報道機関で、もっとも重視される傾向が強く、会社の真の実力を示す。

固定資産の売却や退職金の支出など、リストラにまつわる努力のあとが示されている。不況期になると、この箱がもっとも賑わう。

税効果会計だと、これらの税金のあと「法人税等調整額」という科目がつづく。

「損益計算書」5つの箱とそれぞれの「利益」

売上高 △売上原価 ①売上総利益	会社の顔であり「すべての基本」である売上高から、直接かかったコスト（商品仕入高や製品製造原価など）を差し引き、売上総利益（粗利と同意）を出す。収益力や損益の基本構造を示すプロセス。売上総利益を売上高で割った比率を売上総利益率（粗利率）という。
△販売費及び一般管理費 ②営業利益	粗利から販売費および一般管理費（略して販管費）、つまり広告宣伝費、営業や管理部門などの人件費・経費を差し引き、会社の本業が生み出した利益である「営業利益」を算出する。ここが赤字だと、「その営業をやめたほうがよい」という結論になる。
＋営業外収益 △営業外費用 ③経常利益	営業利益に、営業外収益と費用（本来の営業と直接関連の少ない、あるいは関連ない収益と費用）を加減し、経常利益を出す。営業外収益の主な科目には受取利息、受取配当金があり、営業外費用のそれは支払利息。
＋特別利益 △特別損失 ④税引前当期利益	普通のビジネスと関連がない、つまり正常・経常ではない損益項目が、特別利益と特別損失である。臨時的な利益・費用で多額なもの、具体的には固定資産売却益と損、投資有価証券売却益と損、災害損失、リストラに伴う退職金、子会社・関連会社の閉鎖・清算損失など。
△法人税・住民税・事業税 ⑤当期利益	税引前利益から税金を差し引いて、当期利益を算出する。税金の科目には法人税、法人県民税、法人市民税、法人事業税が含まれる。

スごとに利益を小分けして表示している。利益にはなんと、

①**売上総利益**
②**営業利益**
③**経常利益**
④**税引前当期利益**
⑤**当期利益**

の５段階もある。日本のビジネス界で最も注目される利益といえば「③経常利益」で、略して「ケイツネ」と呼ばれる。

いまここに５つの箱があり、開けるとそれぞれ別々の「利益」が入っている、と考えるとわかりやすい。

１５４～１５５ページの図を見て、それぞれの利益の意味がおわかりいただけただろうか。

ちなみに消費税については、Ｐ／Ｌに関係ない会計処理をしている会社が多い。顧客か

ら預かった税金（仮受消費税、流動負債の項目）と仕入先などに払った税金（仮払消費税、流動資産の項目）は、通常Ｂ／Ｓに両建《りょうだ》てされている。消費税申告書を書いて、税額が確定したときに差額が、負債側になれば未払消費税等、資産側になれば未収入金となるのである。

損益計算書は百分比でとらえてみる

ぼくは顧問先などの会社の損益計算書を、できるだけ百分比で頭に入れるようにしている。

たとえば、「売上高１００、売上原価60、販管費30」という損益構造の会社では、粗利40、営業利益10という数字になるので、月次決算のベースで、これと１％でも異なった結果になったら「なぜだ」と追究するのである。粗利が38％になったら、原価率が２％も上昇した原因を調べればよいのだ。

１５８ページの表を参考にしてほしい。

会社の損益構造を百分比で理解する

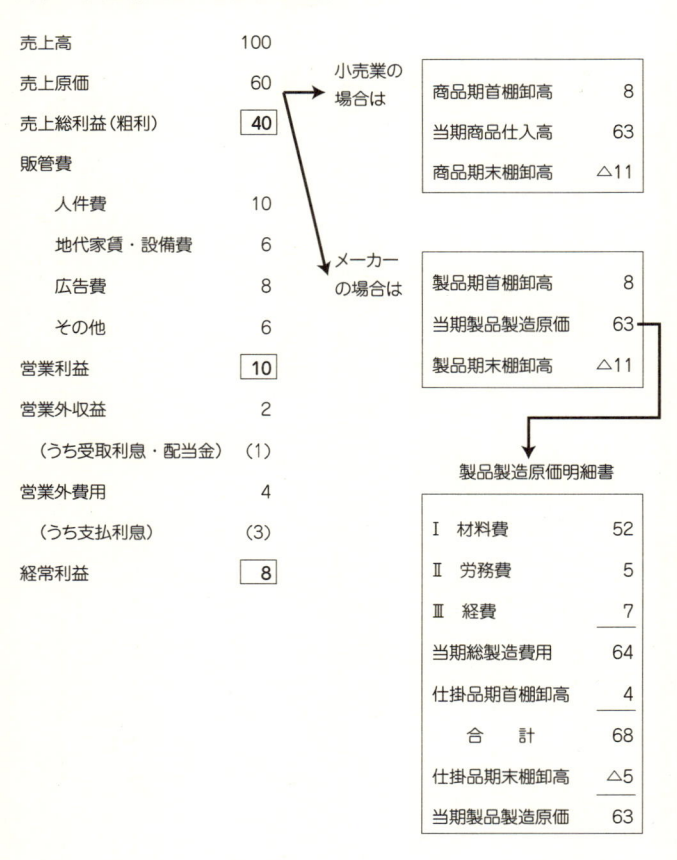

売上高	100
売上原価	60
売上総利益（粗利）	40
販管費	
人件費	10
地代家賃・設備費	6
広告費	8
その他	6
営業利益	10
営業外収益	2
（うち受取利息・配当金）	（1）
営業外費用	4
（うち支払利息）	（3）
経常利益	8

小売業の場合は

商品期首棚卸高	8
当期商品仕入高	63
商品期末棚卸高	△11

メーカーの場合は

製品期首棚卸高	8
当期製品製造原価	63
製品期末棚卸高	△11

製品製造原価明細書

Ⅰ　材料費	52
Ⅱ　労務費	5
Ⅲ　経費	7
当期総製造費用	64
仕掛品期首棚卸高	4
合　　計	68
仕掛品期末棚卸高	△5
当期製品製造原価	63

損益計算書には経営活動の結果が凝縮

営業利益はすれすれの黒字だが、そこから支払利息が差し引かれるため「ケイツネ」が大赤字の場合はどうだろう。そのまま放っておく会社もあるだろうが、土地・建物を売って「特別利益（略して特益）」を出し、なんとか当期利益を黒字にした、などという涙ぐましい努力をする。それをＰ／Ｌで見て、見抜けるようになっていただきたい。Ｐ／Ｌは経営活動の結果が凝縮されているのだ。

まずは、自社の従業員一人あたりＰ／Ｌ、稼働日数一日あたりＰ／Ｌなどをつくって、Ｐ／Ｌそのものに慣れる。次は、メーカー、卸売業、小売業、建設業などのＰ／Ｌを見て、それぞれの違いを自分なりに分析してみよう。最近は、上場各社のホームページ上で決算書が公表されているので、勉強のための環境は整っているといえる。

企業の手持ちの現金は３種類

１９９０年代後半から２０００年初頭にかけて、企業会計関係の大きな制度改革が実施された。「金融ビッグバン」の向こうを張って、「会計ビッグバン」と称されている。

「1社単体の個別決算よりも、子会社、関係会社を含めたグループ全体で見ましょう」という連結決算重視、取得したときの帳簿価額ではなく「市場価格、つまり時価ではいくらなのか」という時価会計（これはまず株式などの金融商品から手をつけはじめた）、「税法上と企業会計上で費用・収益などについて取り扱いの差がある部分を調整する」税効果会計、退職金・年金の積み立て不足分を「年金数理計算して、しっかり積み立てましょう」という退職給付会計などの導入とともに、大きくクローズアップされたのが、この「キャッシュフロー計算書（C／F）」の導入であった。

この計算書は、文字どおり一年間の「現金の流れ」を表し、現金残高が一年間にどのように増加・減少していったかを示すもので、全体を3つに区分している。

①営業活動によるキャッシュフロー
②投資活動によるキャッシュフロー
③財務活動によるキャッシュフロー

よく覚えておこう。

「キャッシュフロー計算書」のつくり方は2通り

この計算書のつくり方には2通りあって、「直接法」と「間接法」という。162〜163ページのキャッシュフロー計算書の例を参照してほしい。

これは、「営業活動によるキャッシュフロー」を、直接にそれぞれの総額で表示するか、間接的に利益の金額から調整してつくるかの差である。ほかの2区分に差はない。

直接法の営業活動キャッシュフローには、営業収入による現金入金、原材料費・商品仕入による現金支出の年間総額などを記入する。一方、間接法のそれは、P／Lの最後尾に近い位置の「税金等調整前当期純利益」（税引前当期利益と同じ）からスタートし、減価償却費をプラス、売掛金・受取手形の前期比増加額をプラス、買掛金・支払手形の前期比減少額をマイナスしたりして調整して算出する。実務上は、煩雑《はんざつ》な直接法を避け、間接法での作成が圧倒的に多い。

非常に簡単にいうと（当期末と前期末の貸借対照表で、主な科目にあまり大きな増減が

キャッシュフロー計算書の仕組み（直接法）

Ⅰ	**営業活動によるキャッシュフロー**	
	営業収入	1000
	仕入支出	△600
	人件費支出	△120
	その他の営業支出	△150
	営業活動によるキャッシュフロー	130

Ⅱ	**投資活動によるキャッシュフロー**	
	有価証券の取得	△20
	有形固定資産の取得	△200
	投資有価証券の売却	70
	投資活動によるキャッシュフロー	△150

Ⅲ	**財務活動によるキャッシュフロー**	
	短期借入れによる収入	80
	長期借入金返済による支出	△150
	株式の発行による収入	160
	財務活動によるキャッシュフロー	90

Ⅳ	**現金及び現金同等物増加額（Ⅰ＋Ⅱ＋Ⅲ）**	70
Ⅴ	**現金及び現金同等物期首残高**	140
Ⅵ	**現金及び現金同等物期末残高（Ⅳ＋Ⅴ）**	210

キャッシュフロー計算書の仕組み（間接法）

直接法による「Ⅰ営業活動によるキャッシュフロー」を
間接法で表示する場合

税金等調整前当期純利益	70
減価償却費	105
支払利息	20
売上債権の増加額	△34
棚卸資産の減少額	19
仕入債務の減少額	△13
その他	19
小計	186
利息の支払額	△19
法人税等の支払額	△37
営業活動によるキャッシュフロー	130

※ⅡからⅥまでは162ページの直接法と同じ。

ないと仮定すると）、営業キャッシュフローは「利益－税金＋減価償却費」となる。これを言葉で表現すると「営業活動だけに限定すれば、税引き後の利益に減価償却費をプラスした分だけ現金が増えている」となる。これは大事だ。

2つめの投資活動のキャッシュフローには、設備投資など有形固定資産の取得による支出、有価証券の売却による収入などを記入する。

3つめの区分、財務活動のキャッシュフローには、借入金や社債の発行による収入、借入金の返済や社債の償還による支出を記入する。

それぞれ3区分の最終行には、収支の差額

を書き、その差額合計が一年間の「現金等の増加額」になり、現金などの期末残高につながる。

以上、とっつきにくそうな話題だったが、簡単にいってしまうと、キャッシュフローは現金主義会計の損益計算書に近い。現金の出入りの時点で取引を記録するからだ。「取引の発生時点で収益や費用をとらえる」というめんどうくさいことを考えなくとも、現金が出たり入ったりした時点で計算書をつくる。ということは、だれがつくっても同じ結果になるはず。

会計処理の方法に選択性・恣意《しい》性がないのは、世界中の企業と比較できるということでもある。お金がたまる過程がよくわかる。

注意したいのは、お金がたまるのと利益が出るのはまったく別問題だということ。「勘定合って、銭足らず」という、利益が出ていてもお金が不足するという事態もありうるのだ。詳しくは１８２ページ以降で説明する。

キャッシュフロー計算書の罠

問題は、もっと違うところにある。経営者にとって「C／Fを公表すること」がどういう意味を持つのか、である。「キャッシュフロー計算書の罠」と言い換えてもよい。

よいC／Fをつくるにはどうすればよいか。

なるべく人を減らし、在庫を減らし、設備投資も抑えるのだ。「自分が社長をやっている期間だけ、よいC／Fであってくれればいい」という、短期的な観点の経営者が増えないことを祈りたい。

C／Fの作成方法は規則で定められているが、現金の動きは経営にとって非常に重要で、月次決算時には１ヵ月ごとの「資金繰実績表」をつくるとともに、何ヵ月か先までの「資金繰予定表」をつくる。項目やつくり方は定められておらず、会社によってつくり方はまちまち。C／Fのつくり方を学ぶよりむしろ、資金繰予定表をつくって実践で勉強したほうが身につくと思う。代表的な例は１６６ページのとおりだ。

最後に、誤解をしてほしくないので一言つけ加える。C／Fの作成は、上場会社に義務づけられている。会計ビッグバンによる時価会計などの導入も、上場会社にのみ強制され

資金繰予定表

			年　月	年　月	年　月	
前月繰越金						
経常収支	営業収入	現金売上高				
		銀行振込回収				
		手形期日落ち入金				
		手形割引				
		小計				
	営業外	雑収入				
		受取利息配当金				
		その他売却収入				
		小計				
	営業支出他	仕入銀行振込支払				
		手形期日落ち				
		人件費支払				
		諸経費支払				
		支払利息・割引料				
		小計				
	経常収支					
設備等収支	設備他売却収入					
	小計					
	設備投資支出					
	税金・配当金支出					
	小計					
	設備等収支					
財務収支	借入金入金					
	定期預金等解約					
	小計					
	借入金返済					
	定期預金等預入					
	小計					
	財務収支					
総合収支						
当月末現預金残高						

当月末現預金残高　内訳	年　月	年　月	年　月	
現金				
当座預金				
普通預金				
合計				

ている。未（あるいは非）上場会社には任意適用だが、余力さえあればどんどんつくってみるべきだ。

「減価償却」ってなに？

ビジネスマンなら経理・財務に縁のない部門でも「減価償却」という言葉は、おなじみだろう。なにしろこの言葉だけで1冊の本が書けるはずだから、限られた紙幅で完全に言い表すのは難しいが、以下の項目を読んで、「なんとなくわかる」から「少しは理解した」程度になっていただこう。

まず、過去のある時点であなたが、仕事に使うためにトラックという「固定資産」を買ったとする。減価償却とは、そのトラックが使用に耐えられる年数（耐用年数と呼ぶ）にわたって（たとえば5年間）、その金額を使用期間に対応する「費用」として一年ずつ割り振る作業のことである。

減価償却費のことを「現金支出の伴わない費用」などとおかしな表現をするのも、「買った」ときにはお金が出ていくが、何回かに分けて「費用」として帳簿に記入されるときには、お金が出ていっているわけではない、という意味なのだ。

固定資産であれば建物、構築物、機械、器具・備品、車両運搬具などの有形固定資産、特許権、商標権、ソフトウエアなどの無形固定資産、変わったところでは動植物まで償却の対象だ。土地は、時間とともに一定割合で減価するわけではないので償却しないことになっている。

設備費負担は使用期間に分ける

固定資産を買うのは、なぜか。もちろん売上・利益をあげるためである。

いま、ある人が耐用年数10年の製めん製造設備を１０００万円で買い、めんだけを売る事業をするとしよう。

初年度の売上が２０００万円、原材料費６００万円、労務《ろうむ》費（なぜかメーカーの人件費のことをこう呼ぶ。苦労するからか？）８００万円、諸経費３００万円と仮定したときに、製造設備分の１０００万円を初年度だけですべて費用として計上してしまうと、７００万円の赤字になる。この損益構造のままだったら2年目以降は、設備に関する費用負担はゼロとなり、設備を取り替える10年後までずっと毎年３００万円の利益が出ることになる。これでよいのか。

この設備は10年もつのだから、１０００万円を10で割って、１年に１００万円ずつ減価償却費として計上したほうがよい。費用は、使用期間に「対応して」徐々に発生すると考えたほうが妥当《だとう》なのではないだろうか——と、このように考えるのだ。

わかりにくい「減価償却」の考え方

ここまではよいのだが、ここから若干複雑になる。

減価償却の考え方には、いくつもの仮定がある。

①耐用年数は、その資産を使ってみなければ何年もつかわからないので、「だいたいこんなものか」と仮定する。多くの会社は税法で決められたものを使っている。というより、その法定耐用年数にしばられている。あるメーカーの機械の耐用年数が８年と規定されていたとしよう。この会社では５年おきにこの機械を更新（買い替え）しているにもかかわらず、法定では８年での償却となる。どうするか。限度を超えて（償却費を増やして）

税金を余分に払ってでも5年で償却するのだ。これを有税償却という。

②本当は、資産の使い方の荒っぽい人・会社、忙しい時期と、そうでない人・会社、時期があるはずなので、「耐用年数に応じて徐々に減価していく」というのも仮定なのだ。だれもが納得する減価するスピード・割合のものさしが仮定できたとしたら、そちらが妥当ということになる。

③減価償却費の計算方法も、仮定に満ちている。②の「耐用年数に応じて徐々に」という部分を、「毎年金額を一定に」する「定額法」、「減価する比率を一定に」という「定率法」、対象がかぎられているが生産高に応じて償却する「生産高比例法」などの方法がある。建物と無形固定資産は定額法、建物以外の有形固定資産は定率法と定額法が、税法上一般的に認められている。定率法は定額法に比べて早めに多額の償却ができるため、業績のよい企業ほど定率法を選び、設備更新を早めにやりやすくする傾向がある。

④減価償却の計算をして、耐用年数に応じて減価償却費を毎年割り振っていって、耐用年数を終えたとしよう。そうすると残存価額という金額が残る。これは過去の考え方の遺物。現在は「償却し終わったものに若干の価値があり、転売できた」時代ではなく、逆に廃棄するのに余分に金がかかる。廃棄されるまで、残存価額がずっと帳簿に残りつづける

減価償却費は「取得原価」を期間ごとに配分する

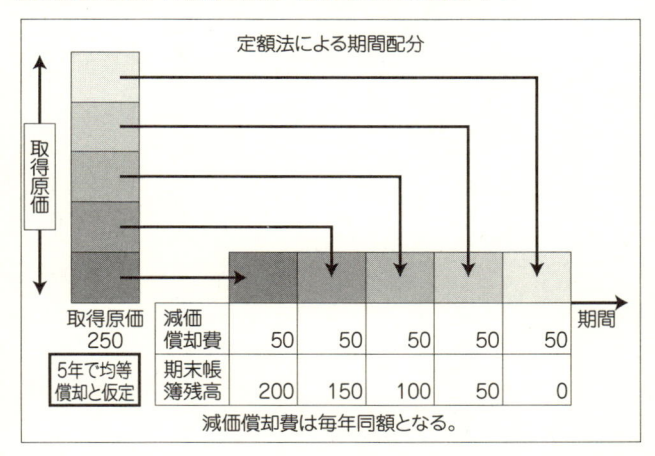

定額法による期間配分

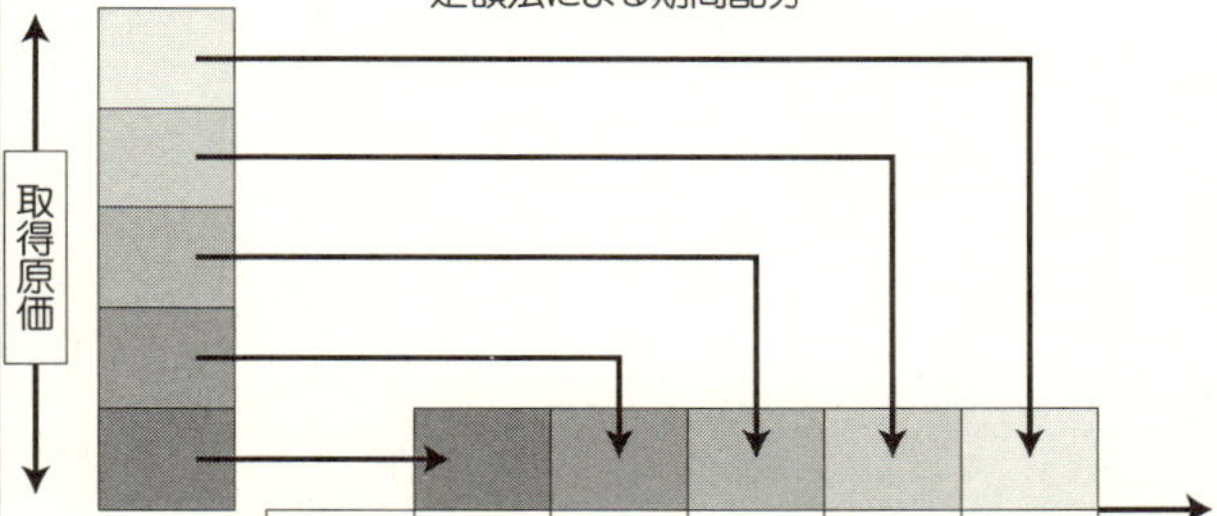

取得原価
250

5年で均等償却と仮定

減価償却費	50	50	50	50	50
期末帳簿残高	200	150	100	50	0

減価償却費は毎年同額となる。

定率法による期間配分

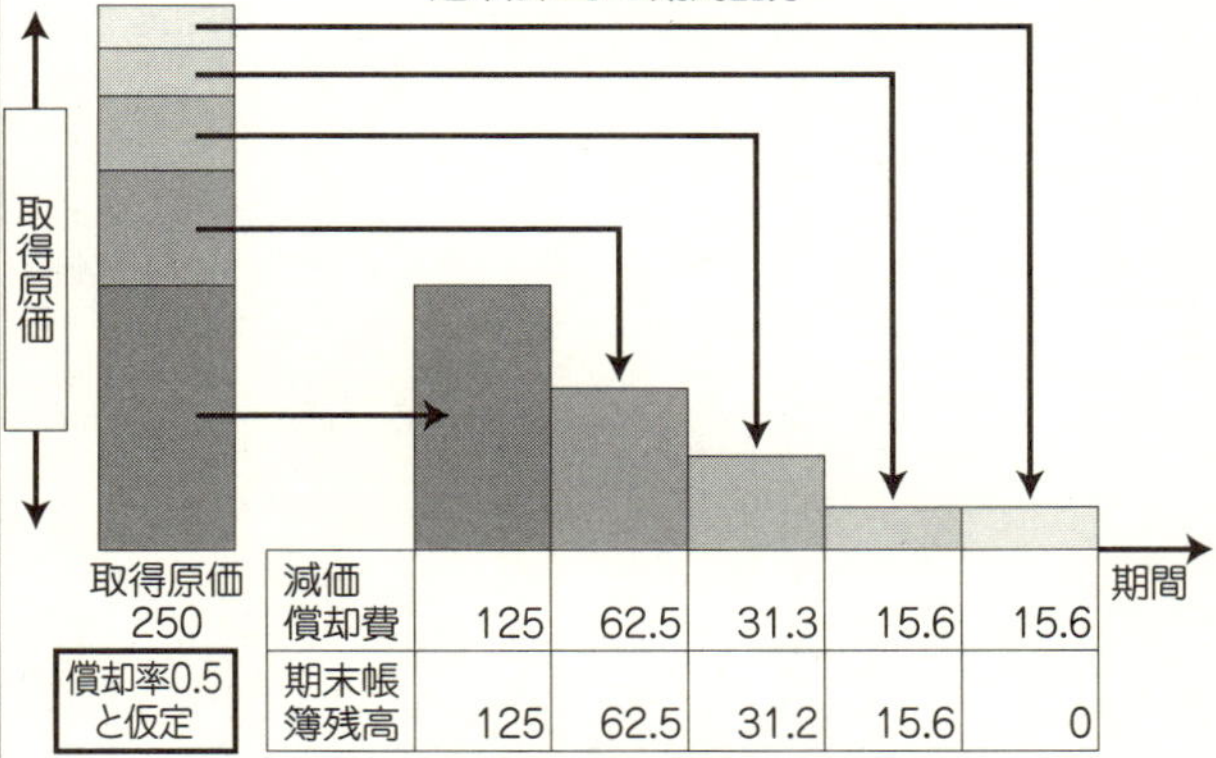

取得原価
250

償却率0.5と仮定

減価償却費	125	62.5	31.3	15.6	15.6
期末帳簿残高	125	62.5	31.2	15.6	0

減価償却費は徐々に低減する。

(注) 1.固定資産の耐用年数を5年と仮定する。
2.残存価額をゼロと仮定する。
3.定率法は帳簿残高に償却率を掛けて償却費を出すため、必ず残高が残るので、最終年度に残額も含めて償却すると仮定した。

のはおかしい。残存価額は含み損だ。計算方法から残存価額を除けば問題は解決するが、それには税法改正が必要なのである。早期の改正を期待したい。

減価償却の方法は、日本では建物以外は定率法の採用が多く、海外では定額法が多い。日本経済全体が急成長期であれば定率法がふさわしいが、ゼロあるいはマイナス成長期の現在では、定額法こそふさわしいといえるのかもしれない。

一度採用した会計処理の方法を、正当な理由もなく変更するのは妥当でない（継続性が重視される）とされている。少なくとも3年以上は同じ方法を継続採用すべきだ。「利益操作の防止」と「比較可能性の確保」のためだが、景気が悪くなると設備投資が巨大な企業ほど、定率法から定額法へ変更する例が増える。たとえば日産自動車では、平成12年度に実施しており、減価償却費は定率法を採用していたときよりも２９８億円減少した結果となり、定額法採用がV字回復の下支えとなったことは明白だ。

第5章　経営成績表で見抜く「わが社の正体」

経営指標は「会社のカルテ」

人の身体の場合、健康診断の指標は、標準値の範囲を超えると単純に「異常値」と決められてしまう。症状があれば納得もしようが、ない場合には「○○症の疑いにつき経過観察」ということになる。気持ちが悪いだけだ。

実際のところ、身長、体重、皮下脂肪あるいは臓器の脂肪の量、臓器の形、仕事・運動・飲酒・喫煙などの生活習慣や食習慣などによって、数値には相当個人差が出てくるはず。ここからここまでが「標準値」と決めることは難しい。

経営分析の指標も、このとおりである。しかし、他社との比較や自社の連年分析によって、収益性や成長性など、ある程度の分析は可能だ。業種ごと規模ごとに毎年、各種の指標が公表されているのでそれを参考にしてほしい。たとえば、日本銀行調査統計局編『主要企業経営分析』、中小企業庁編『中小企業の経営指標』、国民生活金融公庫総合研究所編『小企業の経営指標』（これらはすべて年度版）などである。

経営分析の専門書には無数にある分析指標だが、覚えておきたい指標は左にまとめた12種類だ。表にある目安は、業種によってまちまちなので、あくまでも参考値として見てほ

12種類の経営分析指標

名称と単位	式	意味など	比率の目安	よい方向は？
流動比率（％）	流動資産÷流動負債×100	現金預金や1年以内に現金化するはずの「流動資産」を、1年以内にすべて支払う「流動負債」で割るので、100％以下という結果が出たら、完全に資金ショートしていることになる。200％以上あれば財務上の優良会社と呼ばれる。	120～150％	数値大
固定長期適合率(％)	固定資産÷（固定負債＋自己資本）×100	固定資産を自己資本の範囲内でまかなえている会社は問題ないが、少なくとも長期借入金や社債などの固定負債を足した金額の範囲内での設備投資（この比率で100％以下）を望みたい。	100％	数値小
売上債権回転期間（ヵ月）	（売掛金＋受取手形）÷1ヵ月平均売上高	何ヵ月分の売上に対応する債権が残っているかを示す。債権ごとの年齢調べをして、長期滞留しないように管理をすべきだ。回収条件よりも回収が遅くなったら即売上を止める仕組みも必要だ。	3ヵ月	数値小
在庫回転期間（ヵ月）	棚卸資産÷1ヵ月平均売上高	何ヵ月分の売上に対応する在庫があるかを示す。メーカーでは売上高ではなく、売上原価で算出するケースが多い。在庫は多いほど、お金が寝ていることになる。無在庫物流が実現できれば最高だ。	0.5～1ヵ月	数値小
総資本当期利益率（％）	当期利益÷総資本	借入などの負債も含めた全財産を掛けて、税引き後でいくら儲けたかを示す。あまり低いと、営業をやめ、別の高利回りのものへ転換すべきということになる。だが、現実にはそううまくいかない。	1～2％	数値大
売上高経常利益率（％）	経常利益÷売上高	絶えず原価率の見直し・削減、売上高販管費比率の改善、金融収支の改善などに取り組んでいれば、この比率は向上するはず。売上至上主義ではなく、利益率も大事にしよう。	3％	数値大

名称と単位	式	意味など	比率の目安	よい方向は？
自己資本比率（%）	自己資本÷総資本	金利を支払う必要のある借入金や社債（いわゆる有利子負債）を多くかかえるのではなく、株主が出資したり、利益の集積である自己資本が総資産のなかで多いほどよいというのは、自明の理である。支払利息は絶対だが、配当金は調節可能だから。	30%	数値大
総資本回転率（回）	売上高÷総資本	少ない資本で、より多くの売上高を稼ぎ出すほど効率的なことはない。この比率が高回転をすればするほど、投下した資本の効率性が高いことを表す。固定資産を持つか持たないか、または業種によって大きく異なる。	1.3回	数値大
売上高伸び率（%）	売上増加高÷前期売上高	将来にわたって成長しつづける会社の判定は難しいが、少なくとも10%以上の売上高の伸びが3年以上つづくと本物、という感じがする。ただし、総資産も同じように増加していくのは危険な兆候だ。売上高の伸び率以下に抑えるのが賢明だ。	10%	数値大
経常利益伸び率（%）	経常利益増加高÷前期経常利益	売上高伸び率だけでなく、この経常利益伸び率も成長性の大きな判断要素となる。基本的な損益構造のなかでどこまで売上高経常利益率が伸ばせるか、勝負だ！	10%	数値大
1株あたり当期利益（円）	当期利益÷発行済み株式数	すでに発行されている株式総数で、税引き後の当期利益を割ったらどのくらいの金額になるか。上場会社では、この金額が株価と比べてどうか、というのが投資するかどうかの判断材料となる。	100円	数値大
1株あたり純資産（円）	自己資本÷発行済み株式数	会社がいま、解散して、株主に財産を分配したとしたら、1株あたりいくらになるかを示す。自分が当初出資した金額と比べれば、損得は明白だ。目安の250円は当初発行価額（現在は額面という概念はない）50円の5倍である。	250円	数値大

しい。

優れた会社は独自の注目指標を持つ

以上のほかに、小売業だと売上至上主義になりがちだが、それを牽制《けんせい》する意味で、分析比率を経営指標として使用しているよい例がある。「粗利《あらり》（売上総利益）に対する経費率」がそれである。商品の売値から仕入原価を引いた粗利でいかに経費をまかない、営業利益を残すかが指標に表れる。

たとえば、ある小売業者では「粗利に対する直接人件費の比率は25％以内」とか「粗利に対する地《ち》代《だい》家賃の比率は15％以内」に留めるべき（そうしないと営業利益がプラス○○％にならない）という経験則がある。これと同様に、自社で独自のさまざまな経営指標をつくってコントロールすべきであろう。

成長をつづけている会社では、非常に大事にしている注目指標を持っている。経営指標を進化の道具として位置づけているのだ。会社全体の総合指標であれば、単純明快なものさしほど、わかりやすくて継続使用に耐えうる。

小売店舗では「月坪《つきつぼ》」効率（毎月の売上高を売り場面積で割ったもの。１ヵ月の売上高が１０００万円、売り場面積が50坪であれば、この比率は20万円／坪となる）、工場ではライン別１時間あたり製造個数、倉庫では出荷伝票（またはピッキングリスト）１枚あるいは1行ごとの作業時間、加工物流では１箱あたりの物流費など、いろいろある。

また、ある不動産会社では従業員一人あたり営業利益を、ある通信販売会社では月々の請求書発行枚数や「請求書１枚あたりの平均売上単価」を重視しており、あるソフトウエアハウスでは従業員一人あたり売上高を重視している。

いまはそのような管理指標のない会社でも、来客一人あたり、一顧客あたり、一地域あたり、地域人口１０００人あたりなど、考えられるだけ考えて、徹底的に議論し、そのなかで会社経営の指標として優れているものを選択し、継続適用していくことが必要であろう。

経営分析が経営にとってマイナスに働くことも！

ただし、いままで述べてきたこととはまったく逆、つまり経営分析することが経営にとってマイナスに作用するケースもある。

分析数字過敏症、あるいは過信症ともいうべき症状の経営者がいる。大企業のサラリーマン経営者ならともかく、従業員3〜4人の工場や小売店の経営者のなかにもいる。勉強家なのはけっこうだが、分析資料だけを何日もかかってつくる。机上でいくら分析しても経営状態がよくなるはずはない。現場で工夫・試行錯誤《しこうさくご》するのが先決なのだ。

数字を分析する前にまず現場を知れ、といいたい。

必要なのは儲《もう》かっているかどうか、お金は足りているかどうかだ。月次決算書を速く正確につくれば、すぐにわかる。細かな分析資料をつくる必要などない。

粗利率が低ければ、商品構成を見直すか、販売チャネルを見直して売値を上げるか、原価率を低減させる努力をするだけだ。大事なのは行動すること。分析資料をつくることではない。

これは数字の落とし穴であろう。数字的に考えて仕事をするのではなく、数字を考えるのが仕事そのものになってしまったのだ。気をつけたい陥穽《かんせい》である。

経営分析は株式投資の際にも役立つ

経営分析は、自社の経営行動について数字を使っていろいろな角度から分析し、批判を加えることにより次の行動に役立てようとするもの。進化につなげる経営分析力こそ、ビジネスマンに必須《ひっす》な技術である。

ただひとつだけ心配なのは、分析指標だけが独り歩きして議論の対象になるのは問題で、経営分析には限界があり、いろいろな指標を総合して分析してもわからない背景・環境が存在することを知っておいてほしい。

最近では、デイトレーダーに代表されるような個人投資家が増える傾向にある。証券市場全体が活性化しないと日本経済は発展しないと思うので、そうなるのを望みたいのだが、経営分析の知識はその株式投資にも役立つ。

株価は、会社の「将来性を買う」傾向があり、金利や為替《かわせ》、原油価格、国際経済情勢などからの影響を受けやすく、分析比率と比例して動くわけではないが、長期的には収益力の評価と連動している。これも入門編に留めるが、覚えておきたい比率は、左の表のとおりだ。参考にしてほしい。

株取引の世界での分析指標

名称	式	意味
株価収益率（Price Earnings Ratio=PER）	株価を1株あたり当期利益で割ったもの	会社の利益の何倍まで株価が買われているかを示す。1987年10月19日のニューヨーク株式の大暴落を受けて、翌日から東京証券取引所の株価も暴落した。この前月の東証1部上場企業の株価収益率は71.9倍と異常値を示していた。この当時でアメリカやイギリス、西ドイツ、フランスはすべて10倍台。いかに日本の株価が高かったかがわかる。
株価純資産倍率（Price Book-value Ratio=PBR）	株価を1株あたり純資産で割ったもの	1株あたり純資産の何倍まで株価が買われているかを示す。PERが利益に注目しているのに対し、PBRは企業の資産価値に注目したものである。
配当利回り	1株あたり配当金を株価で割ったもの	もっとも古典的な指標だ。先ほどの例でいくと、暴落直前の東証1部上場株式の利回り平均は0.52%。これに対し、アメリカは2.71%、前述西ヨーロッパ諸国はいずれも3%台であった。超低金利時代のいまは、ほかの金融商品と比べるときの投資尺度として見直されてもいいだろう。
時価総額	株価と発行済み株式総数を掛け合わせた金額	株式発行企業の株式市場での財産評価額、つまり企業価値を表す。東京証券取引所は、上場企業の相次ぐ経営破綻で投資家の証券市場への不信感が高まるなか、それを払拭するため退場ルールを厳しくしている。株式の分布状況や売買高に下限を定めているだけでなく、時価総額が10億円を下回るか、2年連続の連結債務超過になれば上場を廃止することとしている。

黒字企業が倒産するのはなぜ？

唐突だが、基本的な質問をしよう。世にいう赤字企業だけが倒産するのだろうか。じつは、利益の出ている黒字企業でも倒産するのだ。むしろ、黒字でうまくいっているときにこそ、注意しないと危ない。古い言葉では「勘定合って、銭足らず」という。

売上がドンドン増えていき、利益があがってくると、人を雇い、ますます設備投資をしたくなる。借入金を増やしてでも設備投資をする。家賃の高い店舗に移りたくなる。「収益（売上高など）－費用（売上原価、販売費および一般管理費、支払利息など）＝利益」なので、利益が出ていて儲かっている気がする。損益計算書ではプラスなのに、じつはキャッシュフロー上はマイナス、つまり現金入金が出金よりも少ない月がつづく。

売り上げてから月末に請求書を出し、売掛金が翌月末に受取手形で回収されるのに1ヵ月、その手形が満期になって当座預金に入金するのが3ヵ月後だとすると、売り上げてから現金入金するまで約4ヵ月半かかる。

一方、人件費は当月払い、原材料や諸経費は翌月末現金支払いと仮定すると、相当な支払い先行となる。入金するまでの間、支払資金（運転資金という）が不足（ショート）す

「勘定合って、銭足らず」

ある会社の期首の貸借対照表が、次のとおりであったとする。

期首貸借対照表

現金	100	負債	350
固定資産	300	資本	50
合計	400	合計	400

ここで商品を80仕入れ、ただちに支払いを済ませたのち、この商品を150で売ったとする。ただし、代金回収は翌期である。このまま期末を迎えたとすると、貸借対照表はどうなるか。次のとおり。

期末貸借対照表

現金	20	負債	350
売掛金	150	資本	50
固定資産	300	利益	70
合計	470	合計	470

利益は150−80＝70も生まれたのに、逆に現金は増えるどころか100から20に減っている。まさに「勘定合って、銭足らず」の状態となっている。期末日に借入金元金40の返済予定であれば、資金は完全にショートしてしまうことになる。

なぜこのようになるかというと、現在の企業会計が発生主義、つまり現金の入出金とは関係なく、取引の事実があったかなかったかで記録される方式であるためである。売り上げたが未入金という事実に基づく記帳のため、利益が出ていても現金は減っていたのだ。

る。まして、売上の勢いが止まったらどうなるか。人件費や機械のリース料、家賃などの固定費は、毎月同じように現金が外に出ていく。カネが払えなくなれば、銀行取引が停止され、商売ができなくなり倒産へ急降下。危険性が高まる。

当然のことながら、回収条件と支払条件とのバランスにはつねに注意を要する。アンバランスのままだと、急成長すればするほど資金が逼迫《ひっぱく》することになり、ひいては倒産の憂《う》き目にあう。成長企業のアキレス腱は資金管理である。

破綻の予兆は6つある！

企業は生き物であり、絶えず新陳代謝していないと、成長をつづけることはできない。まして減速しはじめても、経営者が自社に対して客観的な評価ができるうちはよいが、できなくなると会社の凋落《ちょうらく》、そして破《は》綻《たん》は早い。

客観的な評価となると、数字の得意技である。冷静に現実を示す。営業赤字が3年つづく、これではもう遅いのだ。それでは破綻の予兆とはなにか。

①売上高、利益が20％以上、予算未達の状態がつづく

②営業利益が3ヵ月連続してマイナスとなった

③借入金が月平均売上高の4ヵ月分を超えた（6ヵ月分を超えると危険地帯）

④銀行へ追加融資を申し込んでも回答が遅くなったり、なかなか受けてもらえなかったりする

⑤月末の現金預金残高が、月平均売上高の1ヵ月分を切った
⑥3ヵ月先の資金繰《ぐ》り予定が立たない

……ほかにも注意信号はいろいろあるだろうし、会社の業種・業態によってはあてはまらないものもある。どの数値も、業績のよかったときに比較して、2割以上悪化したら要注意だ。社内外のあらゆる変化をかぎとる必要があるだろう。

そして、どんな経営者でも、共通して口にする言葉がある。

「いざというとき銀行は助けてくれない」

経営者の「怪しい行動」には要注意

ひょっとすると、数字に予兆が出なくても、あなたが経営者や幹部であるとき、自分自身に次の兆候が出たときには要注意なのかもしれない。

・他人とまったくカネの話をしなくなる

- 「儲からないよ」ということさえいわなくなる
- 元気がなく、体調不良になる
- 食事もなにを食べても同じ味しかしなくなる
- 気の合う友達と飲んでいても、ちっとも楽しくない
- 友人・知人からの忠告も耳に入ってこない
- 夫婦仲がよかったのに喧嘩《けんか》をするようになる
- 好きな読書などにまったく身が入らなくなる

これらの兆候に気づいたらどうするか。もう一度、数字＝行動結果の意味・原因を徹底的に検討し、イチから出直す覚悟を決めてがんばるほかない。社員・役員一丸となって行動を起こすには、いったん退社して再入社するくらいの覚悟が必要だろう。

借金なくすが勝ち！

日本の借金（国債）残高は、ＧＤＰ（国内総生産）の約１・４倍である。国内で稼ぎ出

した付加価値額がベースなので、まだマシかもしれないが、驚くべき数字だ。先進国としては最悪の状況で、Ｓ＆Ｐやムーディーズといった格付け会社によってどんどん格下げされている。

　こんな簡単にわかる危ない兆候を見抜けない、あるいは見抜いてもなんの手も打てない政治家たちの数字力について、あなたはどう思うだろうか。

　このことは普通の会社にも同じことがいえる。あなたにはどうすればよいかわかっているはずだ。経営者の強力なリーダーシップによる明確な経営方針と速《すみ》やかな行動、それを補佐するのは、あなたの数字力をおいてほかにない。

　英語のことわざで「Out of debt, out of danger」というのがあるそうだ（北村孝一稿、朝日新聞、２００２年5月4日）。Debtとは、借金という意味。

　訳すと、借金から抜け出せば危険からも脱出できる、となる。借金をしていると返済に追われ、ゆとりがないので予想外のリスクには十分な対応ができない。返済し終われば、この危険な状態からは抜け出せるという。

　バブル全盛期には「借金したら自分の金だと思え」とか「借金したもの勝ち」などというフレーズをよく耳にしたが、こんな考え方はバブル破裂とともに地に堕《お》ちた。数字力のあるビジネスマンの合い言葉は「借金体質から一刻も早く抜け出せ」である。

上手なコストダウン、ダメなコストダウン

ある大企業営業マンの笑えない話を紹介しよう。営業課長から本人の携帯に電話がかかり、呼び出し音のあとすぐに切れる。こんなことが客先でたびたびあったので、顧客側の担当者がその営業マンに聞いてみた。かかってきたのが上司である課長（の携帯）からだとわかるので、自分の携帯からすぐにかけ直し、用件を聞くのだという。

その会社では通信費の節約のため携帯電話代の補助が打ち切られたそうだ。そこで上司が部下に用があっても、反対に電話をかけさせるのである。こんな上司にはだれも従わないだろう。笑えない、というのを通り越して悲しい。本当に必要な経費までケチる企業は、もっと悲惨だ。お金はなるべく使わないのではなく、「いかに効果的に使うか」が大事なのだ。

さて、お題目はコストダウンである。

「一律30％」などと目標に掲《かか》げると、本当に必要な経費も削減してしまうということにな

りかねない。「一律」には無理があるのだ。科目・内容ごとにその必要性を検討する。たとえばこんな具合に。

①地代家賃について、こんな都心の高い家賃の場所にいる必要があるのか。

②外注していた製品を内製化すべきか、反対に内製化していたものを外注するか。製造ラインはそのままにして下請け・アウトソーシングするか。

③原材料や貯蔵品などの在庫をゼロにすることはできないか。

単純に、すべての業務を見直して「失敗・仕損じ」や「重複」をなくしたり、効率化するためのちょっとした改善をするだけでも、相当なコストダウンにつながる。実行するのに「無理な理由」を考えるのではなく、どうしたら実行できるかを考えるのだ。

コストダウン成功の鍵は「現場の人間の意識」

実務経験のあるビジネスマンなら少なからず経験があるだろうが、コストダウンの要点は、現場の担当者の「意識」である。経営者は売上高や利益のことしかいわない。具体的な業務の手続きまで知らないことが多いので、結果＝数字のことしかいえないのかもしれない。その業務のあらゆることを知り尽くしている担当者こそ、どこをどう工夫・改善すればコストダウンできそうかわかっているはずだ。日々の行動に「コストダウンをするぞ」という意識と「わたしならできる」という自信を持って取り組んでほしい。

「意識」は、わかりやすくいえば「気持ち」の問題。自分自身のこととして取り組むかどうかにかかっている。上司・部下同士、気持ちが通じ合っていると、自然に意見交換が進み、改善提案も出やすいが、そうでないとまったく進まない。コストダウン活動の成否は、双方向のコミュニケーション活性化にかかっている。

あなたが経営者なら、「日頃から無意味だと思っている仕事」を会社の全部門・全社員からリストアップさせてみよう。時には、仕事も棚卸《たなおろし》すべきだ。棚卸は大掃除も兼ねるのである。調査期限と責任者を決め、迅速にやろう。

一石何鳥にもなること請《う》け合い。リストラ（本来の「構造改革」という意味ではなく、一般的な「人減らし」という意味）よりも効果大といいたい。ただし、この調査の成否を握るカギは、けっしてバカにしたり、怒ったり、人事評価の対象にしたりしない、ということ。「絶対に叱《しか》らないし、上司にも叱らせないから」と付け足すことも忘れずに。そこを納得してくれれば、全社員がこの調査に協力的になる。

効果絶大！　仕事の棚卸

やること

- 日頃からムダ・無意味と思っている仕事はないか？
- 全部門・全社員向け（例外なく）に上記について問う。
- 権限を持った責任者と調査期限を決め、迅速に行う！
- あがってきた仕事をリストアップし、どの程度時間がかかっているかを調べる。

⇩

結果

- ①本当に無意味な仕事であれば、その業務をやめる。
- ②無意味でない仕事は、その目的と意義を担当者に納得してもらう。
- ③重複している仕事はどちらかの部門に集約する。
- ④仕事の分量が減った部門は、より高度な付加価値の高い仕事をする。

この調査の成否を握るカギは？

- けっしてバカにしない。
- けっして怒らない。
- どんな仕事・手続きでも否定しない。
- あるべき論ではなく、実際に（本当に）行っている仕事・手続きを聞き出す。
- 人事評価の対象にはしない。

〔補足〕

①	はじめた当初は無意味な仕事はなかったはずだが、環境が変われば無意味な仕事も生ずるかも。なくなれば時間の節約になり、ほかの仕事ができる。
②	仕事の目的と意義を担当者が理解していると、スピードや正確性が増す。
③	意外と、どちらかの部門で集中的にやったほうが効率的な場合が多い。
④	仕事を分析すると、後始末のほうが準備（段取りとか、前始末という）より多くかかっているもの。準備作業に時間をかければ後始末が減り、全体の時間も減るのだ。

成果はこんなにも多い！

また、調査の過程でよく起こるのは、「こんな手続きになっているはずだ」というあるべき論。そうではなく、本当にやっている作業・手続きを聞き出すことが重要である。

損益分岐点分析で、いちばんムダな「もの」がわかる

ビジネス社会でよく耳にする言葉に「損益分岐点」というのがある。〈売上－費用＝利益〉という式を分析して、利益がゼロになる点（売上高）を求めるというものである。

じつはこれは、費用を固定費と変動費に無理やり区別し、損益の構造を強調・単純化したものにすぎないのだ。この手法を鵜《う》呑《の》みにして経営に百パーセント役立てている経営者はいないと思うが、参考になる部分も多いので学んでおいたほうがよいことは確か。固定費がこんなに高いのかと、改めて思い知らされる。

なぜ、そんな言い方をするかというと、費用というものは、単純に売上に比例して増減する「変動費」と変動しない「固定費」に完璧に分けるのは無理だからだ。

固定費の代表格といわれる人件費も、社員数の増減、残業代の増減、給与改定、給与体系の変更、パート・アルバイトの増減などで大幅に変わることもよくある。賃借料も通常

は固定費だが、借り直す、借り増しする、賃料改定する（アップも、ダウンもある）などの経営行動により変動する。変動費の代表である原材料費であっても、売上高と完全に比例して発生するわけではない。大量に買えばコストダウンできるし、逆に、在庫にすると使用不可になるモノは廃棄損が出てしまう。

不規則に変動するものを仮定するのは本来、無理なことなのだが、数字でバッサリ大筋を分析するためにはいたしかたない。

損益分岐点の算出法

売上（S）があがろうがあがるまいが発生する固定費（F）と、売上高と完全に比例する変動費（V）があると仮定すると、利益（P）を生み出す計算式は、

$$S-(V+F)=P$$

となる。

ちょっと式を変えて、

$$(S-V)-F=P$$

損益分岐点分析の計算例

（条件）

製品1個の売価	100千円
製品1個あたりの変動費（原材料、外注費など）	55千円
全社1年間の固定費	54,000千円

（計算）

$$\text{損益分岐点}=\frac{\text{固定費}}{1-\dfrac{\text{変動費}}{\text{売上高}}}=\frac{54{,}000}{1-\dfrac{55}{100}}=120{,}000\text{千円}$$

（1）損益の分岐する売上高が「120,000千円」ということは、この製品を1200個以上売れば利益が出ることになる。

（2）損益分岐点が低ければ低いほど利益体質になることから、計算式を見て分かるのは、固定費の削減と変動費率の低減を目指せばよいということ。

（3）たとえば、現状の変動費率55％を努力して5％引き下げると、どうなるか。損益分岐点は「108000千円」となり、1080個以上の販売で利益が出始めることになる。

（4）数字を使っていろいろ試すことにより、方策が見えてくるはずだ。

とする。

S－Vは「限界利益」といって、固定費を回収できるだけの利益をあげられるかどうか、そのもとになる利益とされる。近代経済学の「限界効用」を想起させる言葉なので、ぼくには若干抵抗があるが、多くの人たちが使っているのでしかたない（別の名称、「変動費利益」などを使用している会社もある）。

　限界とは「追加部分に対応する」というような意味。現代では、消費量の増大にともなって追加1単位から得られる満足度は減少する、という「限界効用逓減《ていげん》の法則」があてはまらない商品やサービスが増えているのだ。

利益（P）がゼロの売上高を損益分岐点と呼ぶのであるから、いま、P＝ゼロとして式を変換してみる。

$$S-V=F$$

となり、この式の両辺をSで割ると、

$$\frac{(S-V)}{S}=\frac{F}{S}$$

となる。さらに、この式の左辺全部と右辺の分母を入れ替えると、こんな式になる。

$$S=\frac{F}{1-\frac{V}{S}}$$

これが損益分岐点を算出する算式である。自社の費用をFとVに分析・集計して、この右辺を計算すれば、損と益が釣り合う売上高が出る。現在の売上高がその損益分岐点より多ければ「余裕がある」という見方をするのである。

損益分岐点を低くする5つの方法

また、この算式を通していえるのは、損益分岐点はなるべく低いほうがよいのだから、

①右辺分子の固定費を削減する
②分母の変動費比率（V／S）を減らす
③変動費自体を削減する
④売値を上げる
⑤売上数量を増やす

などの行動を取ればよいことがわかる。

ある上場会社の役員会の席上、経理担当者が月次の決算報告をする。この会社の役員報告用の損益計算書は、勘定科目が売上高、粗利益、変動費、限界利益、政策費（いわゆる先行投資費用）、固定費、営業利益の7科目しかない。おまけに億円単位なので、数字は2桁か3桁しかないためわかりやすく、頭に入りやすい。

経費削減の敵――人件費

最近は、「固定費の変動費化が重要」とよくいわれるようになった。これは低成長経済で売上高が減少したため、固定費が目立ち、赤字企業が続出したためだ。

簡単に削減できない固定費であれば、経営の基本構造自体を変えて変動費として扱ったほうがよい。変動費であれば売上高がゼロになったら、支払いが発生しない。商売の本筋ではないので消極的な戦術かもしれないが、背に腹はかえられない。人件費で、正社員をパート・アルバイトに代える、あるいは業務の外部委託（アウトソーシング）をするのはこの流れだ。

経費削減の切り札として登場したアウトソーシングだが、間接（管理）部門の業務請負だけでなく、工場ラインなどの直接部門まで拡大傾向にあるようだ。いずれどの会社にも正社員がいなくなり、役員だけが残るかも。役員が自らお茶をいれる日は、近い。

経費削減、なかでも固定費削減が叫ばれ、固定費のなかでいちばん敵視されているのが「人件費」。

本来、人件費のなかでいちばん変動費化すべきものはなにか。それは役員報酬である。毎月の月次損益は経営者の成績表。結果は明白だ。その結果に対する報酬は、月次損益とともに変動すべきと考えるのは当然だ。社員には実力主義による成果配分を説いておきながら、自らの報酬支払（受取）基準が不明確なままではいけない。

会社法上、株主から経営を負託された取締役としての報酬という意味では、いちいち株主にお伺いを立てる必要があるかもしれないが、それができるのであれば「役員報酬こそ変動費化すべき」だ。ただし、税務署は、毎月役員報酬を変動させると利益操作の温床《おんしょう》になると考える。たとえば、非同族会社での利益連動給与を除き、期末の直近月の報酬のみ多く支払ったら、その前月より多く払った分は有税ということになるだろう。

税金は徴税しやすい会社から取る？

次に、会社の利益にかかる税金について考えてみたい。経営者になったつもりで読んでほしい。

日頃接しているあらゆる規模の会社経営者や個人事業納税者のほとんどが、法人税や所得税などの税金について「払わされている」感じをつねに抱いている。できるかぎり節税したいとも考えている。ぼくは、心底喜んで納税している人を知らない。

上場会社であっても、経営者は税金に対し「単なるコストのひとつ」として割り切っているとはいえ、お上《かみ》に年貢《ねんぐ》を献上して（召《め》し上げられて）きた時代から税金に対する考え方はなんら進化していないのではないだろうか。

ぼくの税務の顧問先でいえば、毎年利益を出し多く納税している会社には、必ず定期的に税務調査に来るが、赤字の会社にはほとんど来ない。税務署などの徴税機関に「徴税しやすい会社から取る」という意識はないだろうか、問いただしたい。これでは納税者の意識は変わらない。

よく「会社の利益の半分に、税金がかかる」といわれる。企業会計では〈収益－費用＝利益〉であるが、法人税法の場合は言葉の定義まで違う。〈益金《えききん》－損金《そんきん》＝課税所得〉となり、本来はこの課税所得に税金がかかる。

その税率は、法人税が課税所得の30％（資本金1億円以下の普通法人で、800万円以下の所得には22％）、法人事業税が課税所得の9・6％、法人県民税が法人税額の5％、法人市民税は法人税額の12・3％である。資本金が1億円を超える法人には事業税（外形標準課税）が上述したもの以上に（報酬給与にかけられる付加価値割、資本金等にかけられる資本割）かかるが、複雑になるので省略する。

算出された税金自体が事業税以外は損金（経費）にならないなど、めんどうくさいことがあるが、これらを総合して「実質的に課税所得にいくら税金がかかるか」を計算すると40・87％となる。これを実効税率と呼び、やっとアメリカ並みに下がってきた。ただし、地方税（事業税・県民税・市民税）は地域によって高めの制限税率を設定しているところもある。これで見ると、課税所得に4割の税金がかかるということになる。

これ以外には、同族会社の場合だけ、会社内に留保した所得金額（配当金や役員賞与などで社外流出したものを除いた金額から一定の算式で出す）に課税する制度（留保金課税）もある。「配当しないと税金かけるぞ！」ということなのか、あくまで「税金を徴収する」手段としての意味しかないような制度だ。

この制度は、一定以上の中小企業について凍結したり、対象要件が緩和されたり、改変がよくある。

交際費が多いと法人税も多くなる

次は、言葉の定義の話に移ろう。「収益＝益金」「費用＝損金」であれば問題ないのだが、そうではないので税金はややこしい。たとえば費用のなかの「交際費」は、取引先との接待で一人あたり5000円を超えたり、資本金が1億円を超えたりすると損金にはならない。費用なのだが損金にならないので「損金不算入」という。

接待交際で5万円使うと課税所得にプラス（加算）され、税金が4割なので実質7万円の支出となるわけだ。営業課長の声が聞こえる。「まいったなあー。だから交際費を使うのを経理が嫌がるんだ」。交際費が多い会社では、それだけ法人税を多く支払うことになり、税引前利益がマイナスでも、法人税・住民税・事業税が多額にのぼることがある。

この「損金不算入」の例は、数多い。利益処分時以外に支出した役員賞与、限度を超えた寄付金・減価償却費・貸倒引当金、賞与引当金の計上、商品や製品の評価減など、いっぱいある。税法は企業会計をベースにしているのに、独自の理論・基準でわかりづらい。わかりづらいから税法適用の現場で、判断の余地を生み、専門家でも意見が異なることもるのだ。

同じように、収益ではあるが益金にならない「益金不算入」、収益ではないが益金になる「益金算入」、費用ではないが損金になる「損金算入」もある。

知っておきたい「別表四」

会社で計算した企業会計上の利益から、これらの差異を調整して（加算したり減算したりして）課税所得を出す。調整過程で「別表四《べっぴょうよん》」という資料をつくるのだが（２０４～２０５頁図表参照）、これが税務上の損益計算書といえる。

別表四で加算される損金不算入の金額が多い（たとえば交際費、減価償却費や引当金の超過額など）と、会計上の利益の割に、損益計算書に表示される税金の金額が多くなるわけだ。

詳細は省《はぶ》くが、「実際の税金の金額」と「税引前の利益から実効税率で算出した税金の金額」との差異を調整するための「税効果会計」という制度が導入されている。上場会社のP／Lに法人税等調整額、B／Sには繰延税金資産と繰延税金負債という勘定科目が並んでいるのは、そのためである。

法人税法は「損金（費用）か、固定資産計上か」の区分にも厳しい。公認会計士が会計監査の過程で「これは機械の性能が向上して耐用年数が延びるほどの改造費用ではなく、むしろ維持費であるので、固定資産に計上するのではなく、修繕費が望ましい」と指摘したとしても、会社側は「税務当局に固定資産に計上すべきと指摘され、修正申告に応じた」などということもある。落ち着いたところは、会計上（決算書上）は費用計上し、税務申告書上で調整（加算）する処理。そこで、この税効果会計の出番となる。損金不算入の費用が多額であれば、利益の割に税金が多いので、それを調整するわけだ。

法人税のイロハのほかに、消費税も学んでほしいが紙幅がない。他書に譲ろう。

経営の足を引っ張る「企業会計3すくみ状態」

日本の企業会計は、証券取引法、会社法、法人税法という3つの法律がそれぞれの方面から規制している。専門書には「会計のトライアングル構造」などと書かれているが、守ろうと努力する会社側からいえば「3すくみ構造」と揶揄《やゆ》したくなる。3法ともよく改正され、会社法は旧商法から大改正されて平成18年5月から適用、証券取引法は同年4月現

（単位：円）

処分		
留保		社外流出
②		③
15,017,767	配当	2,250,000
	賞与	
	その他	
983,700		
250,800		
779		
9,770,400		
	その他	
	その他	484,103
11,005,679		484,103
1,703,900		
1,703,900	外*	
24,319,546	外*	2,734,103
	その他	
	その他	2,762
	その他	
24,319,546	外*	2,736,865
24,319,546	外*	2,736,865
24,319,546	外*	2,736,865
24,319,546	外*	2,736,865

損益計算書　（単位：円）

売上高	459,843,799
売上原価	370,462,935
売上総利益	89,380,864
販売費及び一般管理費	65,375,813
営業利益	24,005,051
営業外収益	5,704,988
営業外費用	3,736,269
経常利益	25,973,770
特別利益	3,565,770
特別損失	965,532
税引前当期利益	28,574,008
法人税・住民税・事業税	11,306,241
当期利益	17,267,767
前期繰越利益	28,542,117
当期未処分利益	45,809,884

利益処分案　（単位：円）

当期未処分利益	45,809,884
配当金	2,250,000
次期繰越利益	43,559,884

（旧商法ベース）

法人税申告書別表四と損益計算書と利益処分案の関連

法人税申告申告書別表四（簡易様式の実例）

区分			総額 ①
当期利益又は当期欠損の額		1	17,267,767
加算	損金の額に算入した法人税（附帯税を除く）	2	983,700
加算	損金の額に算入した道府県民税（利子割額を除く）及び市町村民税	3	250,800
加算	損金の額に算入した道府県民税利子割額	4	779
加算	損金の額に算入した納税充当金	5	9,770,400
加算	……	6	
加算	減価償却の償却超過額	7	
加算	交際費等の損金不算入額	8	484,103
加算	……略		
加算	小　計	11	11,489,782
減算	減価償却超過額の当期認容額	12	
減算	納税充当金から支出した事業税等の金額	13	
減算	受取配当金等の益金不算入額	14	
減算	法人税等の中間納付額など	15	1,703,900
減算	……略		
減算	小　計	21	1,703,900
仮　計		22	27,053,649
寄付金の損金不算入額		23	0
法人税等から控除される所得税額		26	2,762
……略		27	
合　計		28	27,056,411
……略		29	
総　計		30	27,056,411
……略		31	
差引計		36	27,056,411
欠損金又は災害損失金の当期控除額		37	
所得金額又は欠損金額		39	27,056,411

これを元に法人税別表一（一）で算出された法人税額	7,503,700
道府県民税事業税申告書で算出された道府県民税額	424,500
道府県民税事業税申告書で算出された事業税額	2,321,300
市町村民税申告書で算出された市町村民税額	1,053,200
預金利息や配当金の源泉税額	3,541
合　計	11,306,241

在国会審議中で、いずれ金融商品取引法に吸収される。

所管官庁が3つとも違うのも影響しているのだろうが、具体的にいうと、上場会社の株主（既存株主と潜在株主）向けの会計を要請する「証券取引法」、大中小すべての企業に適用される株主・債権者向けで、なおかつ日本国内のみしか通用しない「会社法」、すべての企業向けの会計理論では説明できない徴税主義（失礼！）の観点に立った「法人税法」がそれぞれの主体。3すくみとは、あるものごとをめぐって三者が互いに牽制し合って、だれも自由な行動が取れないことを指す。すくまれて困るのは、中心にいる企業なのだ。

守らなくてはいけないのは従者となる企業である。誤解を覚悟でいうと「決算のたびに3つの決算書をつくらなければならない」のである。企業行動の国際化の動きとも、ぜんぜんマッチしていない。国内でしか通用しないルールが3つも存在するがゆえに、「どうにでもなる（適当にお化粧できる）」というごまかしが生まれる余地があるように思えてならない。

ひとつのルールに集約するのは無理な話だろうが、少なくとも企業環境の変化に即座に合わせていくような各省庁の協力態勢をつくってもらえないだろうか。お役所も会社の経理部門もずっとスリムになること請け合いだ。会社内部の決算書から会社法上の決算書類をつくる人、決算短信や有価証券報告書をつくる人、税務申告書をつくる人それぞれが別々の部署に所属する会社は、けっこう多いのではないだろうか。

国際会計基準は本当に「正義」か?

世の中、国際化（アメリカンスタンダードの押しつけ、という批判も多いが）が進み、世界中の会社が同じものさしで評価されるように「国際会計基準」なるものがつくられ、徐々に各論の細部に議論が進んできた。連結決算重視、時価主義会計、退職給付会計、減損会計など、それまでの日本式会計が通用しなくなったのだ。現在では、まだ少し未導入の部分はあるもののほとんどが導入され、会計後進国日本も先進国に追いつきつつあるところだ。

不動産に含み損を抱えたままの状態がつづいたり、最近は改善が進んだとはいえ、株式の持ち合いをしたりする会社は多い。連結外しの赤字の関連会社もあれば、合併といえば吸収合併しか念頭にない海外とは異なり、対等合併（合併しても役員や管理職の数が減らないばかりか、コストダウンメリットがない「仲良し合併」）が多い実態など、海外の投資家から見たら不思議なことが多いのだ。

ましてや「外圧」があるときに3すくみ状態の「内憂」を抱えていたのでは、日本株式会社はどこかの会社（国）に身売りされる可能性がある。

本来、会計学は人を幸せにするあたたかな学問であるべきだと思う。しかし、現実は必ずしもそうとはいえない。研究者ではないので断言はできないが、国際会計基準のすべてが正しい方向を向いているとはいえないような気がしてならない。

時価主義会計は、いずれすべての資産・負債を時価評価することになるが、すべてを「時価」評価しようとする方向性は本当に正しいのだろうか、人を幸せにする方向へ向いているのだろうか、と危惧《きぐ》する。

時価評価というのはその瞬間瞬間の価値を決めること、いってみれば清算価値を決めるようなもの。市場が適正に運用されていて「時価」がひとつしかない場合であっても、それが上昇しようとしている過程の一時点なのか、下降しようとしているときの一時点なのかによっても、本来の評価は変わってくるはず。

土地の評価額であっても、ただひとつしかないわけではない。未公開会社の株価の客観的・絶対的な評価方法も存在しない。株価は取引目的、当事者、計算する要因・条件によって左右される。市場が機能しているものは外国為替と上場株式ぐらいだから、それ以外はおおよそ「この金額から、これくらいまでの金額帯」が時価らしきものである。土地も使用目的によって、たとえば工場用地、店舗立地と利殖目的の賃貸物件では評価を変える必要があるのかもしれない。工場・店舗が建って現に機能している土地については、時価評価にどれだけの意味があるのだろうか。

アメリカを中心としたいくつかの大国の思惑だけではなく、世界の資本主義全体にとって妥当な会計基準ができて、それにすべての国が納得して遵守《じゅんしゅ》するようになることを祈りたい。

会社の5つの「たたみ方」

仕事がら、経営者の方と直接お話しする機会が多い。

経営者は、部下や人前では絶対に弱音は吐《は》けないが、ぼくのような人種——税務・会計顧問や経営コンサルタントなど——と2人きりになると、経営状態そのものの話は別にして、よくこんな話になる。

仕事をまかせることができる部下がいない、部下がなかなか成長しない、自分の体力・集中力が落ちた、疲れを感じやすくなった、などの悩みと同様に「50歳をすぎると、人生逆から数え出す」という方が増える。

「ぼくは昨年50歳になりましたが、なったとたんになぜだか身体がぞくぞくっとしましてね……」とL社長。ひと呼吸置いて「なぜかというと、あと何年生きられるか考えると、25年くらい。いままで30年近く無我夢中で働いてきたので、このへんで別の生き方とか仕事を見つけてのんびり暮らそうかと思うんです。たぶんこれから10年は働くけれども、あとの60歳からの15年間は遊んで暮らしたい」とおっしゃる。残り10年をどう働くか。そこで「経営者としての出口」を考えるのである。

ざっと5通りの出口を考えてみよう（左図参照）。

①同族関係者に引き継ぐ

日本人には昔から「貴種尊重」の風潮があると説く童門冬二《どうもんふゆじ》氏曰《いわ》く、「どんぐりの背くらべをしている重役たちのなかから、だれかがトップになるよりも、むしろ多少ボンクラでも、先代の血を引いている人の方が収まりがいいという空気がある」（『歴史に学ぶ後継

オーナー経営者の5つの出口

①同族関係者に引き継ぐ

会社の経営（事業の承継）	⇨	たとえ優秀とはいえなくても、同族関係者へ
財産としての会社（財産の承継）		

②非同族の役員に引き継ぐ……中小企業にできるか？　できるとこんな形に

会社の経営（事業の承継）	⇨	非同族の優秀な人に経営を託す
財産としての会社（財産の承継）	⇨	やっぱり同族関係者へ（譲渡か相続）

③会社解散後に清算する

事業の承継も財産の承継もせずに、会社を解散	⇨	債務があれば完済し、資産があれば現金化する。清算登記をして終了！

④会社を売却する

会社の経営（事業の承継）	⇨	他社または他人にすべて売り渡す。交渉過程はタイヘン！
財産としての会社（財産の承継）		

⑤株式公開する

自分自身の経営能力アップ	⇨	公開基準を満たし、上場！	⇨	ますます成長・発展のすえ、ハッピーリタイアメントへ！
会社の収益性アップと管理基盤整備				

者育成の経営術』童門冬二著、廣済堂文庫）。

②非同族の役員に引き継ぐ

これは中堅企業や大会社でなければ難しいだろう。中小企業や零細企業だと経営（事業）と所有（出資）が分けられないのだ。完全に分離できたら、前頁図②のようになる。

③会社解散後に清算する

他人に迷惑をかけないように清算結了するのがいちばんよいのはわかっているが、なかなかできない。注意したいのは、たとえ解散したとしても、欠損を抱えたままでは（法的に）清算結了できないので、本当に会社をたたんだことにはならない。この中途半端な状態の会社もけっこう多い。

④会社を売却する

売却の範囲によっては、部分的な営業譲渡もあるが、株式１００％を第三者に売却することも増えてきた。ＭＢＯ（経営陣による企業買収）という手法で、社内の役員や幹部社員たちに売却するという方法もある。

⑤株式公開する

証券取引所へ上場するかジャスダックなどの新興市場へ上場する。上場するためにはそれなりの基準を満たさなければならない。2～3年間におよぶ準備期間を経て、公開会社としてふさわしいかどうかの試験（審査）を受けることになる。

好業績時は企業の「売りどき」

これらの出口のなかで、④会社を売却する道、はやり言葉でいうと「M&A」について概説しよう。

M&Aとは、Mergers and Acquisitions の略であり、会社の合併と買収を意味する。具体的な方法には、合併、営業譲渡（営業部門を受け取る側では営業譲受と呼ぶ）、株式取得（株式譲渡）、株式交換などがあり、友好的に行われるケースと敵対的な買収（乗っ取り）などのケースに分けられたりもする。

経営者がほかの会社にお願いして行われるＭ＆Ａはもちろん友好的ではあるが、売りたい会社がどのような状態かによって、交渉の主導権をどちらかが握ることになる。業績が低迷して、自社の努力だけでは立ち直れそうもないケースでは救済型のＭ＆Ａになるので、売りたい側ではなく、買い手側に主導権があるのは当然だ。

Ｍ＆Ａは「売り手も買い手も」同時にメリットがないと、行う価値がない。

人材を得る、新技術を得る、よい販売立地を確保する、知名度を向上させる、規模を大きくして購買力などのパワーをつける、海外拠点を得る、などいろいろな目的のために行われるが、一言で表現すると、Ｍ＆Ａの本質は「時間を金で買うこと」となる。別の事業をイチから自社で手がけるより、よほど経済的にも法律上も、速く、安く、手軽に、秘密裏にできる場合が多い。

日本でのＭ＆Ａというと「救済型の企業買収」というイメージが強いし、現状も経営状態が下降線のときの買収が多いだろう。しかしじつは、業績がよいときこそ売りどきなのだ。

売りどきを間違えるな、というのがキーポイントだ。自分の出口を考えはじめたとき、もし身近に事業を継承してくれそうな人材がいなかったら、検討してみたらいかがだろう。

「会社は、自分の器《うつわ》以上の大きさにはならない」と自分の能力の限界を感じたとき、優秀な社員がなかなか集まらないとき、いまの主力事業をやめて（だれかに譲って）別の事業を起こしたくなったときなど、きっかけはいろいろあるだろう。このまま行くと人材や技術力などがちりぢりになって分散し、価値がなくなる可能性があればなおさらだ。

正しいM&A、愚かなM&A

M&Aを仲介するのは、専門会社、証券会社、ベンチャーキャピタル、会計事務所、経営コンサルタント会社などで、市場を形成するほどではないにしても非常に増えてきている。ウマの合う、よい仲人《なこうど》を見つけよう。

会社は公《おおやけ》の器である。それだけで公共性がある。会社とは法人であり、たんなるモノでしかないのに、あたかも人のように法律上の権利を有し義務を負う。経営者とはそれを預かる存在なので、会社を私物化するなどもってのほか、なのである。耳の痛い経営者は、規模の大小を問わず多いのではないだろうか。私物化している会社であれば売ろうなどと考えもしないだろうし、売りたくてもだれも買ってくれない。

Ｍ＆Ａの交渉時には、買い手売り手両方の損得と同時に「売値」を考える。売り手側の会社の財産を、帳簿に上がっているものだけでなく、すべて評価してみることが大切。

株式取得の場合、売り手側に立っていうと、社内のどんなものでも評価してみる。買い手側のＭ＆Ａの目的を明確にしたうえで、なにが売り物か考え、株価を算出する。貸借対照表に載《の》っているものはすべて時価に置き直して評価し、人材、販売先ルート、仕入先ルート、技術力、商品力、ブランド、店舗の立地条件など帳簿に載っていないものは「営業権」ということで評価する。

営業権とは、会社の経営活動のなかに存在する超過収益力、つまりその会社の評判、信頼、顧客関係などの価値を評価したものの総称。抽象的であるがゆえに評価は非常に難しい。むしろ「会社全体でいくら」と決めたなかで、はっきり価格を示すことのできる部分を除いた残り、ととらえたほうがよい。

「会社全体でいくら」と決めるやり方も、個別評価額を積み重ねていくやり方から、類似業種の取引株価を参考にする方法、将来の収益から算出する方法、過去数年分の経常利益の合計といった大雑把《おおざっぱ》な決め方までいろいろだ。万能な評価方法などないので、買い手側が「このくらい」と示したものについて売り手側が了解すれば、それが買収金額となる。

気をつける必要があるのは、経営者一人の能力だけで成長した会社の評価は低い、ということだ。その経営者がいなくなればその会社に価値はない。操縦できる唯一のパイロットがパラシュートをつけて、一人だけで飛行機から飛び降りるようなものなのだ。

企業買収成功に不可欠な「アフターM&A」

M&Aにとって「交渉過程」そのものが非常に重要なのは、論をまたない。方法、手続き、秘密裏に行われるデューデリジェンスと呼ばれる公認会計士・税理士・弁護士などの専門家チームによる「詳細調査」、社内外への公表の仕方・タイミング、値段、条件、従業員の待遇、現役員の処遇・交代のタイミング、全体のスケジュールなど、成功までの重要ポイントは数え切れない。

これらの詳細説明は他書に譲ることにして、ひとつだけ重要な観点を申し上げておこう。それは、M&Aが合併にしろ買収にしろ成立したあとのこと、つまり「アフターM&A」である。

M&A成功のあとに、「ヒト、モノ、カネ、情報、企業環境」すべての経営資源が買い手側と一体となって、「１足す１が２ではなくそれ以上」になるような手立てを、すべて事前に考えて計画しておくこと。もっとも、「１足す１が２」にしかならないようであれば、買収価格はたかがしれているのかもしれない。

第5の経営資源——企業環境

街路は、もともと人間のものだったが、いまや自動車というモンスターの手に落ちた。と書くとおおげさだが、事実だ。

「街路は単なる道路ではない。まして自動車のための道路ではない。街路は歩行する人間のためにある。……現代の自動車文明に侵される以前の歴史のなかの街路が、汲《く》みつくせぬ人間的な意味のために、都市生活の魅力と活力の絶えざる源泉となってきたことに、あらためて眼を開かねばならない」

これは１９６９年に建築家バーナード・ルドフスキーが書いた『人間のための街路』(平良敬一・岡野一宇訳、鹿島研究所出版会)の訳者あとがきの冒頭部分である。

著者は、この本のなかで、過去からいろいろな国々の街路が果たしてきた役割について写真や図版入りで語っている。街路は、建物と一体となって都市の居間や子どもの遊び場、人生のドラマが生まれる舞台の役目を果たしていた。自動車文明によって得た大きな経済的利益を否定はしないが、失ったものも大きかったことを反省すべきなのだ。

「ヒト・モノ・カネ」は経営資源といわれ、「情報（目的別に整理された知識、と言い換えてもいい）」も第４の経営資源と呼ばれるようになった。いま「企業環境」もまた、重要な経営資源と呼ばれるべきだ。本来は、法規制がどうあれ、地球環境を守りつつ、限りある経営資源をどう使うか、これが経営の根本問題となる。

プリウスはなぜ売れるのか

単純に考えると、企業は環境に対する配慮をすればするほど、利益をあげることが難しくなる、という矛盾を抱えている。しかし、電気代・燃料費・原材料・資材の節約を行い、製品を小型・軽量化することにより、結果的にコストダウンにつながったという事例も多いのだ。

国際環境規格であるＩＳＯ１４００１（環境マネジメントシステム）の認証を取得する企業や、環境報告書や環境会計を公表する企業が、非常に増えてきている。「わが社は環境問題に積極的に取り組んでいる」と、環境報告書を使ってアピールする会社もどんどん増えている。まだまだ問題点をすべて明らかにしているとは思えないが、徐々に信用度が増すよう努力をしてきている企業も見られる。各社のホームページにも掲載されている。

また、環境会計は、各社なりに環境保全コストを集計し、保全効果がどの程度あがっているかを示すものだが、まだ発展途上で、完璧な統一的基準があるわけではない。やはりここにも数字で計測する場合のものさしの問題がある。環境省は２００２年３月に「環境会計ガイドライン」を公表した。参考になる。

町にはリサイクルショップができ、都市部での休日のフリーマーケット、インターネット上でのフリーマーケット、国・地方公共団体・大企業を中心としたグリーン購入（環境配慮商品の優先購入）が増え、生ごみや家畜糞尿《ふんにょう》を堆肥《たいひ》化し、地域農業に利用し、地域内循環を行う取り組みが日本各地で芽生えてきた。

循環型社会への転換が日本全土の動きになるには、あと何年かかかるかもしれないが、ビジネスマンにとっては対岸の火事とうそぶいてばかりもいられない。世界ではじめてハイブリッドカーのプリウスを開発し世に送り出したことが、トヨタ自動車の企業価値を高めたことはだれの目にも明らか。「わが社から第2、第3のプリウスを出そう」と経営者に進言できるのは、あなたであってほしい。

循環型社会を企業が生き延びる唯一の手段

環境省がまとめた『平成14年版　循環型社会白書』には「もはや『経済対環境』ではない。われわれは異なった関係を創造しようとしている。資源の浪費を通じての成長は終わった。今後の成長は循環によって支えられる」という標語が掲げられ、循環型社会におけるライフスタイル、ビジネススタイルについて、リデュース（Reduce：発生抑制）、リユース（Reuse：再使用）、リサイクル（Recycle：再生利用）の3つのリ（Re-）を推進する「リ・スタイル（Re-Style）」を提唱している。地球環境と共生する（させてもらう）ために経済があり、企業活動があるというような発想の転換が必要なのかもしれない。

これらの動きは継続しなければ意味がないし、継続させるにはおそらく「本業」と関連づけて全社的に（全社員が率先して）取り組む必要がある。たとえば、ハウスメーカーが光熱費をゼロにすべく太陽光発電をすすめる、銀行が環境保全対策をする会社への融資の金利を低くする、モーターをつくる会社がますますエネルギー効率のよいモーターを開発する、などの取り組みである。

横並び意識や単なる環境ブームに乗るのではなく、本気になって「もったいない」精神を取り戻し、すべての日本企業が環境にやさしく、少しでも循環型社会をつくり出すための努力を惜《お》しまない企業になることを祈る。

終章　数字センスアップで「違い」のわかるビジネスマンに！

利益を生み出す人しか生き残れない時代

いま日本はまた、大きな変革期を迎えている。

従来、日本の企業はどの会社でもほぼ同じような採用をし、社員教育をし、社内の出世競争を繰り広げ、多少の成功失敗はあっても、最後はみな定年まで働けるのが当たり前だった。もちろん、中小企業と大企業の別はあるが、それとて弱肉強食の諸外国に比べたら、天国のようなものだった。リストラなどという言葉はどこにもなかった。

会社はこぞって「ビジネスマン」ではなく「社員」を育てた。「ビジネスマン」とは、自ら利潤を生む活動を自律・自立的にできる人のことだ。どの会社に行っても通用する。

対する「社員」とは、その会社の言葉、その会社の独自ルールだけに長《た》けた人のこと。その会社でしか生きていけない。ある面で、成長する会社を支えるのには、会社のやり方に染まった従順なスタッフが必要だったのだ。しかし同時に、そのやり方は、その会社以外では役に立たない人材を生み出した。ひょっとすると、その会社でさえ居場所を失ってしまうような人々を。

それでも体力があった日本企業は、時代が変わってお荷物になりはじめたそんな「社員」

人呼んで、人材「だるま落とし」の法則

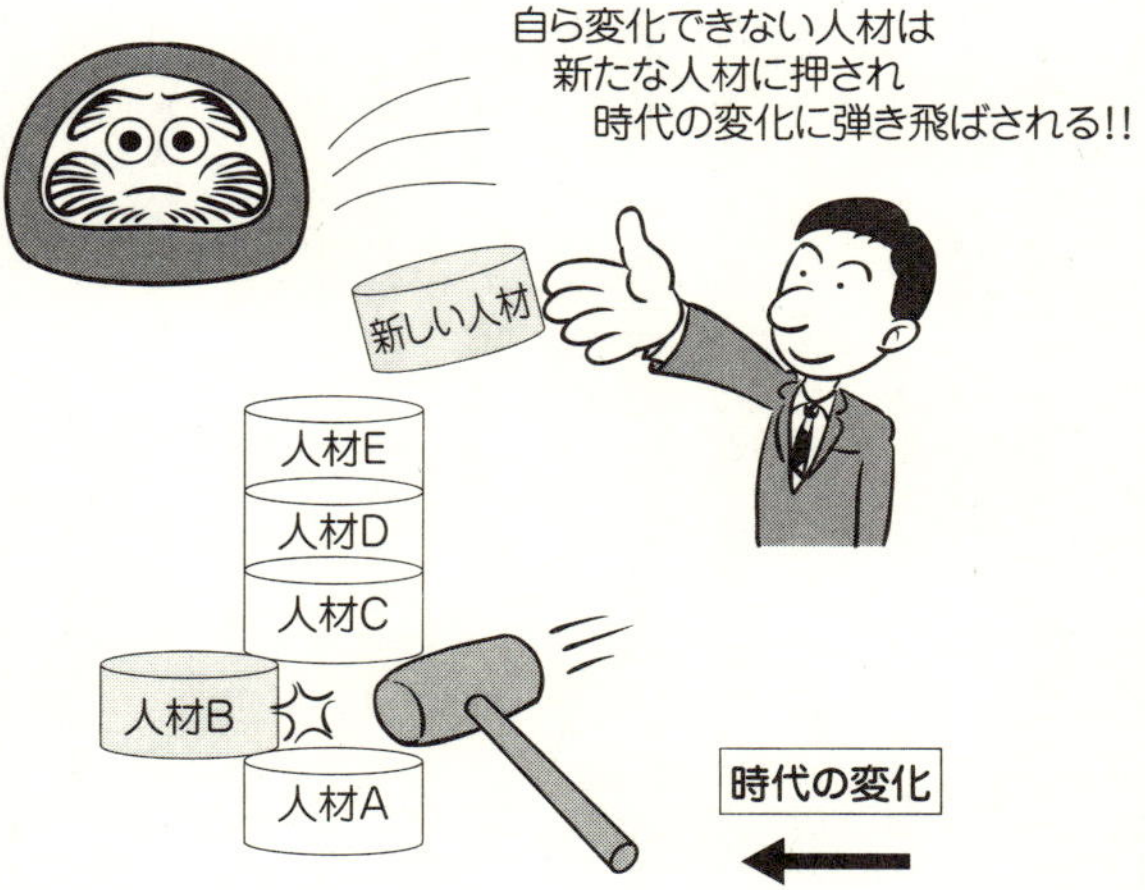

を大事に守ってきたわけだが、いまや一生懸命会社の方針に従うだけの人から切られていっている。彼らはきっとこういいたいはずだ。「なぜだ？　おれはあんたらが求めた方向で懸命に働いてきたんだ！」と。

しかし、こういう人は切られてもしかたがないのである。なぜなら、いま必要なのは「自分で利益を生み出せる人材」だからだ。技術はさらに新しい技術によって取って代わられる。同じように、人材もさらに新しい時代に見合った人材によって放《ほう》逐《ちく》されるのである。

そうならないために、自らを利益

を生み出せる人材にブラッシュアップしなければならない。できた人は生き残れるし、ダメだった人は退場するしかない。過酷《かこく》なようだが、これは日本が世界標準になってきただけのことにすぎない。

数字力と思い込みがビジネスを変える

では、「利益を生み出せる人材」とはなにか。それは「数字力を持った人材」だと思う。正しくは、熱意ある数字力を持った人材だ。

ぼくは中小・中堅企業の経営者を中心におつきあいしているが、「これは！」と思う経営者たちがそろっていうことがある。「思い込め」と。

なにごとか実現したい目標がある。計算が成立するから達成できるのではない。はじめから勝てる勝負などあるわけがない。その人の思い込みや意欲が、普通に考えれば負けるかもしれない勝負を勝たせるのだ。

大事なのは、負けるかもしれない勝負であっても、熱意ある人にはなんらかの成算がある、ということだ。玉砕《ぎょくさい》ではない、負けるかもしれない勝負のなかに、勝ちにつながる一

数字で考えることができれば成功は近い！

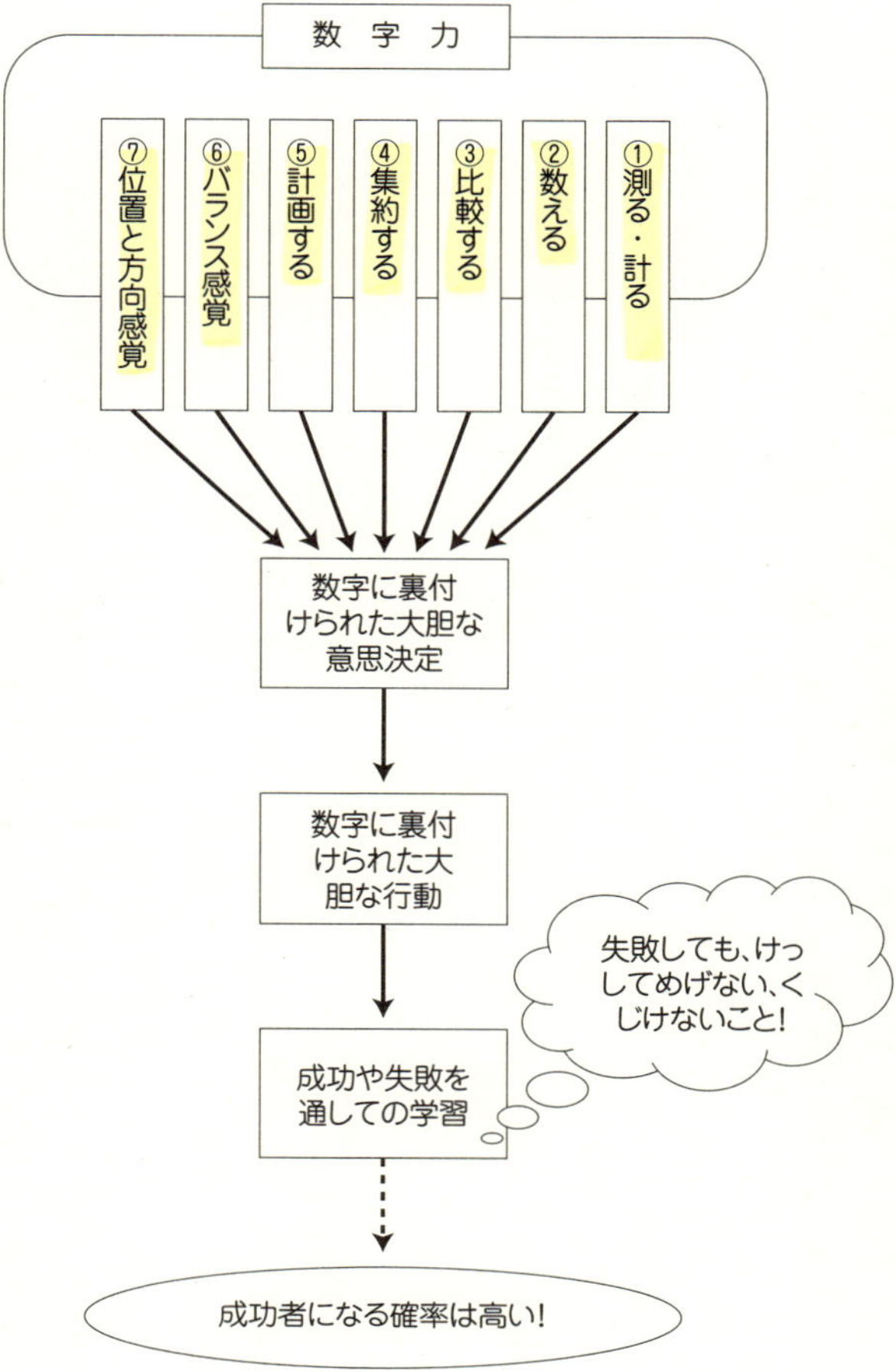

点を見つけ、そこを突破口に勝利をモノにする。きわめて困難なプロセスだが、それを数字力が支えてくれる。たとえば、自社の基本的な損益構造がわかっていて、ビジネスを数字で考えることができる人は、ほかの人と違った視点で営業戦略が立てられるはずだ。

また、その勝利にたどりつくまでには、多くの人を説得する必要があっただろう。人は理屈だけでは動かないが、また情熱だけでも動かない。自分の情熱を協力者たちにシェアさせることができるだけの、具体的な「読み」を伝える。そしてそれは「数字に裏打ちされた情報」であったはず。数字は、だれが見ても理解できるものだからだ。

「経営マインド」を支える数字力

結局、数字力のある人とは、「経営マインド」ある人といっていい。そしてそれは、経営者に近い立場の人しか持つことのできないものではけっしてない。本当は、どんな立場の人でも育《はぐく》むことができる能力である。なぜなら、企業経営という前提なしにどんな仕事も生まれないからだ。すべての仕事は、企業経営をよりよくするために収斂《しゅうれん》されていくもの。そうではない仕事があれば、それは「ムダな仕事」かもしれないと疑ってみる必要が

数字力のある人はなにができるか

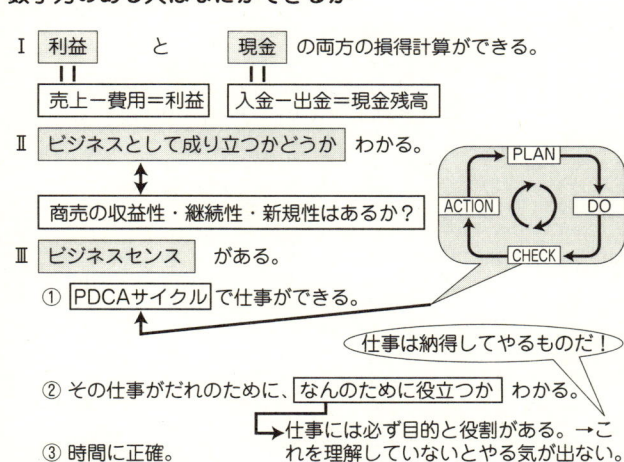

Ⅰ 利益 と 現金 の両方の損得計算ができる。

利益＝売上－費用＝利益

現金＝入金－出金＝現金残高

Ⅱ ビジネスとして成り立つかどうか わかる。

↕ 商売の収益性・継続性・新規性はあるか？

Ⅲ ビジネスセンス がある。

① PDCAサイクル で仕事ができる。

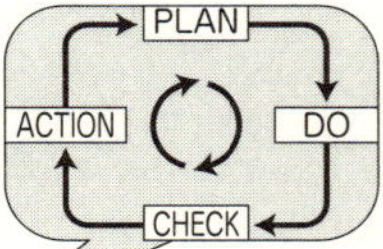

仕事は納得してやるものだ！

② その仕事がだれのために、なんのために役立つか わかる。

→ 仕事には必ず目的と役割がある。→これを理解していないとやる気が出ない。

③ 時間に正確。

④ 時間をムダにしない。

⑤ 約束を守る。

⑥ データ処理が速くて、正確。

（④〜⑥）全部ひとまとめにして、タイムイズマネー！

Ⅳ 会社の 数字 や 決算書 がどのような方法でできあがっているか知っている。

→ 会社全体や各部署で管理すべき数値はいろいろある。損益データだけでなく、警告データもある。

Ⅴ 「活動」「動作」「モノ」「こと」 をなんでもお金に換算できる。

→ 前述したとおり、会議の価値もカネに換算できた。

Ⅵ ビジネス活動を論理的に分析して 次の活動に活用できる。

→ 現実はほとんどが論理的ではない。まずは仮説を立て、論理検証→ダメだったら再び仮説を立てる。

Ⅶ ビジョン を数字で計画し、未来をつくりあげる。

→ 数字で計画すると実行しやすい。数字で示されないビジョンや計画は行動指針にならない。

Ⅷ 数字の限界 を知っている。

→ 数字を使ってウソをつくこともできる。だまされないのも数字力だ。

ある。

たとえば、トヨタ自動車の経営が国内外から賞賛されているが、特筆したいのは、工場で自然に生産調整ができてしまう点だ。工場のラインが、ただ製品をつくるだけではなく、販売動向をはじめとする「数字」の変化に連動して、自律的に在庫を調整できる。

なぜそうすることがいいのか、またはダメなのかを、従業員が理解していて、全体のなかで、自分がなにをどうすべきか絶えず考えている。そんなスタッフのマインドを経営マインドといわずしてなんというのだろう。

また、ある部品メーカーの例だが、取引先のある人が部長に「これからこの部門をどのような方向に持っていくべきだとお考えですか?」と訊《たず》ねた。するとその部長氏は、数十人いる事務所をざっと見回して、「そのことなら彼がいちばんよくわかっている」と30代の若い社員を指差した。

自分を誇示《こじ》するのではなく、質問に対してよりよい答えができる若い社員を指名できたこの部長もすごいし、また部門をどういう方向に導くべきかという質問に、だれよりもきちんと答えることができる若手もすごい。彼らも、目の前の自分の仕事をしていればそれでいいというビジネスマンではない。会社の全体像と未来を見抜く、経営マインドあふれるビジネスマンなのだ。

それを支えるものこそ、数字である。数字なしにわかることは、印象でしかない。印象では、たとえば意見の異なる人や外部の人に、説明したり、証明したりすることはできない。ましてや説得など絶対にできはしない。

数字に強くなると仕事レベルが根本から変わる

あなたに知っていただきたいのは、こうした経営マインドあるビジネスマンたちがすごいのは、決算書を読めるとか、経費計算ができるとか、簿記の資格を持っているとか、そういうレベルで数字が扱えるからではない、ということだ。さまざまな財務指標が読めたり、資格を持っていたりしても、使いこなせなければ意味がない。経理や財務の部署に勤める経理マンが必ずしも経営マインドを身につけていないという例も、身近に多い。

あなたの業務の周りにも、さまざまな数字があふれているはず。それらの意味をどれだけ知っているだろうか。よく知っているというなら、違う部門の数字はどうだろう？　仮に決算書類が読めなくても、資格がなくても、先に紹介した工場マンのようになれてこそ、はじめて生きた使える数字力とはいえないか。

しかし残念ながら、こうした数字力や経営マインドを十分に持ったビジネスマンがまだまだ少ないのも事実。ぼく自身いろいろな会社を訪れては「ああ、この人がもっとこの数字、その背後にある意味を理解できたら、仕事の質そのものがグッと高いものに変わっていくのに、惜《お》しいなあ」と思うこともしばしばである。

「数える」とはどういう行為か

ぼくは現在、人口数十万人の地方都市で公認会計士・税理士の個人事務所を開いている。男性職員2名とぼくだけのささやかな所帯だ。

仕事の内容は経営相談、税務相談から会計監査、ひょっとしたら人生相談まで、さまざまである。個人的にも上場企業の社外監査役を何社かやらせていただいているので、個人事業や中小企業から大企業まで規模の大小を問わず、業種も重なることもなく、数多くの決算書や財務の数字と向き合ってすごしている。

日常的に「数字」に触れる生活をしていると、この「記号」が生き物のように思えてきて不思議でならないことがある。

たとえば、世の中にはいろいろな数字があふれている。野球の打率、百メートル走のタイム、運動とカロリー計算、身長と体重、自動車の燃費、地図と縮尺、電流と電圧、人口密度、住所の番地、一世帯あたりの子どもの数、株価、為替《かわせ》、時刻、宝くじの番号、年商など会社の業績、社員番号、給料、今年はいくら戻ってくるかなあ確定申告……。

好き嫌いはあるかもしれないが、もともと数字自体にはなんの意味もなく、存在しないもののはずだが、アナログもデジタルも両方ともに表現できる。数学者ではないので正確な定義はできないが、数というのは「多さ少なさ」を表す面と、「順序」を表す面があり、いずれも「数える」という行為が伴う。

数えるというと、古典落語の長屋ばなしにある「時そば」を思い出す。

そばを食い終えた客が、そば屋の亭主に勘定を支払うときに、小銭の勘定を間違えるといけないので数えながら渡そうという。8つを数えたあと「いま、なんどきでエ」と訊ね、「ヘエ、九つ（九ツ刻《ここのつどき》）」と亭主が答えたあと「とお、十一……」とつづける。わざと数え間違いを誘って一文得をした（くすねたというべきかもしれないが）という有名な話である。間違いに気づかない亭主が、それでいて愛嬌《あいきょう》があるのでおかしいのだが、「数える」ことの重要性と「数え違いがある」ことを教えてくれる。

数字には意味がある

一方、その道のプロになると数え方に差が出る、ということもある。

ぼくは短い間に二度そのことを実感した。大学卒業後、公認会計士第2次試験に受かってから監査法人に就職した直後のことだ。

ひとつは、先輩たちが百万円単位や億円単位の話をしているのに驚き、「自分は実生活で9桁の計算なんてしたことがなかったし、暗算も不得意だ。ついていけるだろうか」と思ったものだ。しかし、それもいつの間にか慣れていた。環境が人を育てる、ということだろうか。

2つめは、会計監査の仕事で上場会社に行き、決算期末に行う棚卸《たなおろし》に立ち会ったときのことだ。倉庫の担当者はものすごい速さで数えていく。とくにパレット（積み台）に積んであるそのままの状態で数えるのは、神業《かみわざ》としか思えなかった。「数えますので、先生、うしろから確認していってください」といわれても確認のしようがない。そこで、数え方をゆっくりと教えてもらう。担当者はさぞや迷惑なことだったろう。詳細は覚えていないが、パレットのなかでの積み方に、いろいろな工夫があったことを記憶している。

　また、数字は冷たく、合理性を貫く判断材料としても機能する。試験をして60点以上が合格だとする。59点の人と60点の人はさほど能力に差があるわけではなく、60点の人はたまたま試験当日に1点余分に取っただけのはずである。判定をどこかでつけなければならないのだ。

　ＩＱ（Intelligence Quotient＝知能指数）は２００以上もあるのにＥＱ（Emotional Quotient＝情緒的指数などと訳されている）が低いサラリーマンは、対人関係がうまくいかず、優秀なセールスマンほどＥＱが高い、という。前者は、正論ばかり論理的にまくしたててしまうため相手に嫌われてしまう。後者は、相手の気持ちをすぐに察することができるゆえに売り方がうまい。なるほど、数字を使ってわかりやすく説明しようとしていたのかと納得できたりするわけだ。

　一方では、そうした数字が単なる参考値として使われているうちはいいが、それを能力評価、ひいては給与評価の判断材料として使われるようになっては悲劇だ。

〝２〟とマトリクス思考法

二進法という数の数え方がある。二進法では数字を「０と１」だけで表す。コンピュータの原理はこの二進法、電流が流れる（オン）か止まる（オフ）かでできている。

この二進法の〝２〟は、意外に会社数字やビジネスに関連が深い。

ひとつの会計上の取引を２つの側面でとらえる複式簿記や、複雑な対象を単純な縦横２つずつの分類に区別して思考する「マトリクス法」などはよく知られている。

マトリクス法とは、複雑にからみ合ったビジネスの問題をマトリクス（行列）の箱に書いて解きほぐすやり方である。経営戦略立案や顧客開拓方法の検討をするために、よく使われる。課題をそれぞれ２つの次元、「時間と数量」「利益率と売上高」「顧客との距離と営業時間」「顧客との取引高と顧客そのものの購買力」「顧客への訪問件数と商談成立件数」など、さまざまな観点に分けてとらえる。

たとえば、顧客に対する販売戦略を検討する場合では、「列」に売上高の「多い・少ない」を書き、「行」に利益率の「高い・低い」を書いて４つの箱をつくり、交わったところにその内容「売上高と利益率の両方とも高い顧客群」「売上高は多いが利益率は低い顧

マトリクス法（基本図表）

ボストン・コンサルティング・グループが開発した、PPM（Product Portfolio Management：製品ポートフォリオマネジメント）。

経営戦略を決定するにあたり、自社の事業領域の現状を十分に検討することが必要。縦軸に「成長性」、横軸に「マーケットシェア」を取り、4分類して分析する。

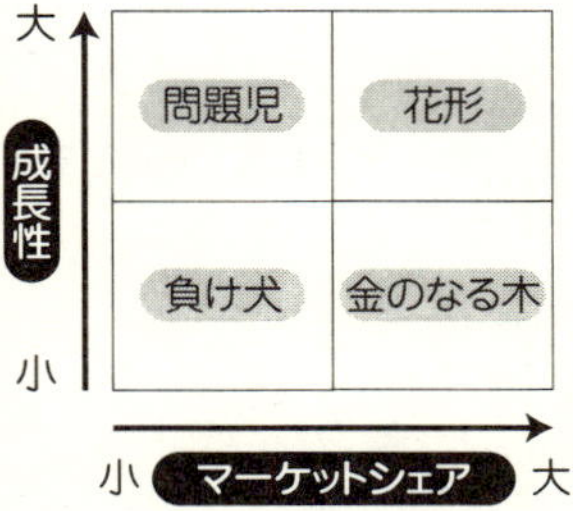

負け犬　事業撤退の対象となる。ただし、基礎技術の温存や、重要な顧客に対するトータルな面からの再考察が必要。

金のなる木　現状では収益性は高いが、いずれ衰退するので、次の商品戦略を検討すべき。

問題児　今後、負け犬になるか花形になるかの見極めをしたうえで設備投資を。

花形　今後、競争激化が予想されるので、新製品開発投資やチャネル開発を積極的に。

マトリクス法を使った「顧客分析図」

顧客ごとに、現在の年間売上高と顧客サイドの購買力によって4分類してみる。

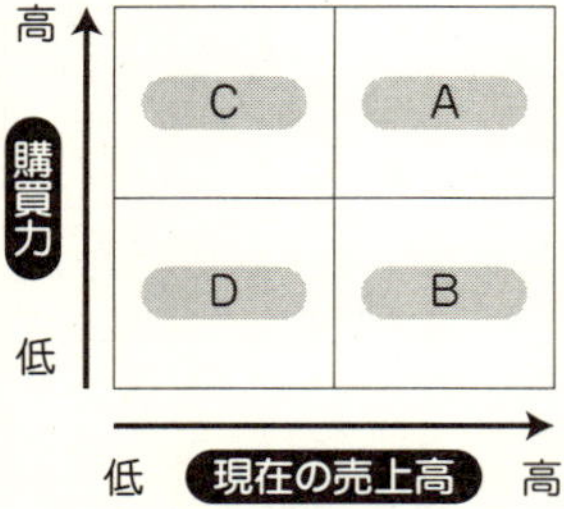

A　今後もパートナーとしてともに発展していきたい顧客。継続して営業力強化。

B　最小限の営業力で取引を持続するべき。

C　競合他社に流れている取引を、なんとか獲得したい。拡大可能性のある顧客。

D　営業の生産性向上を考えると、積極的に攻めるべきではない。

客群」……を書き込んでいく。その4つを比較し、それぞれのターゲットごとに戦略をつくる。こうすると、いままで見えなかったものが見えてくる。問題点も重要性の高低と緊急性の高低でマトリクスをつくると、より優先順位の高い問題点が明確になり、改善策（仮説）も立てやすくなる。マトリクスは2×2＝4だけではなく、3×2でも3×3でも構わないが、やはり4つの箱に分けるのがだれにもわかりやすい。

237ページの図表と併せて、右ページの図表もご覧いただきたい。このマトリクス法を使った顧客分析図をつくってみた。いかがだろう、顧客をとらえる視点が非常に明快になってくるのではないだろうか。

数字的感覚をビジネス現場に生かす方法

さて、数字の2の話に戻るが、2といえば、ビジネスの世界でよくいわれるのは、ひとつの言葉や行動には必ず二面性があるということ。

ある会社の課長が「うちの課はみんなバラバラで、まったくまとまりが悪いよ」といったとする。これは、①「ルール違反、マナー違反の課員がいるのも事実だが、課長自身がまとめるのがヘタ」という愚痴と、②「個性的な人が集まっている証拠なのだから、この個性を生かす方法を考えようよ」という積極策の両方の解釈ができる。どちらの状況がプラス思考で成功するか、いわずもがなである。

　ビジネスのさまざまな場面で、ひとつの事象に対し、このような「二分割解釈」をする方法も使える。取引相手、もしくは上司が、いくつか解釈が分かれるようなことをいったとき、①プラス方向の解釈と、②マイナス方向の解釈を同時に行うのだ。すると、相手の性格、裏に隠された意図の如何《いかん》にかかわらず、こちらとしては①と②の範囲内で対応を考えればよいということになる。

　たとえば、電機メーカーが自動車会社から、「カーステレオの値段を、3ヵ月以内に10%ダウンしてほしい」といわれたとする。非常に厳しい要求だ。どうしていいかわからない。困った。そんなときに、①プラス方向の解釈（努力目標を投げかけてくれた？）と、②マイナス方向の解釈（達成できなければ取引がなくなる？）の2つの解釈をするのだ。それでもたいへんな事態に変わりはないが、少なくとも、思い悩む必要はなくなる。なぜなら、①と②それぞれの対応策を具体的に考えればそれで十分だからだ。①と②の間ぐらいの要求ならば、対応策を微調整すれば解決する。

大切なのは、具体的に動かなければ危機的状況になる、ということ。だから、早くそのための検討・行動に入りたい。

これは上司からの指示であってもそうだ。それに対する反応で、あなた自身が評価されてしまう。迅速に行動したい。ダメな会社、ダメビジネスマンは、こうした危機に陥《おちい》ると「どうしたらいいのだろう。困った、困った」と〝小田原評定〟をくり広げるだけでなにもせず、自ら沈んでしまう。

絶えずものごとの構成要素を分割し、分析する、この「数字力」的意識が、次の行動に向けた一歩へと導いてくれるはずである。

数字のミスをなくす「トータルコントロール」

数字といえば、マイナスの数字というものもある。もしあなたが、商品在庫の受け払い担当者だとして、自分の担当商品が５００品種程度、そのなかのひとつの帳簿残高が「マイナス５」になったらどうするか。それも帰宅時間近くなって。入庫数が違うのか、払い出した（出荷した）数字が間違ったのか、数え間違ったのか、帳簿に書き間違えたのか、いろいろな可能性があり、調べるのには時間がかかる。

じつは、ミスというものは、連続して起こる。単純であればあるほど、同じミスはくり返し起きやすい。翌日にはマイナス10になり、3日後の棚卸時にはマイナス12になる。金額的な重要性が増してくる。あとで大問題になってからでは遅いのだ。興味を持ってすぐ調べる。そして、二度と起きないような仕組みをつくることが大事だ。

ミスは、取引が漏れたり（不足、つまりマイナス）、ダブったり（重複、つまりプラス）することにより起こる。それには「トータルコントロール」、つまりなんでも足し算をして合計を出し、チェックをすることでほとんど防止できる。合計数を把握していればプラスやマイナスの異常値が生じたときにすぐわかる。

伝票をコンピュータ入力する場合、連続番号を伝票に振り（連番管理と呼ぶ）、入力データ数と出力帳票に書かれたデータ数の合計を照合する。資料をつくる場合、図表のなかの数字や金額の合計をつねに出しておくのは、トータルコントロールの基本である。

仲間が大勢で喫茶店に行って飲み物を注文するとき、紙に書く。ばらばらな注文だが、幹事さんは間違えないように最後に必ず全員の数を数え、紙に書いた注文「合計数」と照合してから注文する。「だれだい、一人で3つも頼んだやつは？」——これもトータルコントロールの一例だ。

「合計」のない報告書

「合計くらいだれでもするよ」と思う読者もいるかもしれない。これが間違いなのだ。ぼくは公認会計士・税理士として、いろいろな企業を見てきたが、さまざまな数字を並べただけで合計のない報告書をつくって平気なビジネスマンにたくさん出会っている。合計がないのにどうやって結論が導き出せたのかびっくりすることもたびたびだ。

　報告書の読み手は顧客であり、顧客を満足させられないのでは、当然ながらだれも説得できない。そういう滑稽《こっけい》なことにならないように、あえて「合計するという数字力」が必要だ、と声を大にしていいたい。

　参考までに、２４４ページにわかりやすい資料の例とわかりにくい資料の例を掲《かか》げておいた。トータルのあるなしでは、資料の重みに差が出ることがわかるだろう。

　数字が入る資料をつくる場合には、２４５ページのように、①資料の要点を３つほどに絞って前文として書く、②前文の詳細を同じ番号でつづけて書く、③判断のよりどころとして数字がからむ資料をつくって資料自体に連続番号をつける、④図表内で合計や平均値

「わかりにくい資料」を手直しする

来期の全社コスト削減目標を、以下のとおり定めたので通達します。比率は売上高に対するものです。これに合わせるように、各部署で予算組みをしてください。

予算大科目	上期目標	下期目標	通期目標
材料費	24.2	24.0	24.1
労務費	15.4	15.2	15.3
外注費	16.8	16.0	16.4
製造経費	12.3	12.0	12.1
東京本社経費	11.5	11.0	11.2
静岡営業所経費	5.1	5.0	5.0
横浜営業所経費	5.2	5.1	5.1
名古屋営業所経費	4.8	4.8	4.8

わずかな工夫で、見やすさ、理解しやすさはガラッと変わる！

この資料はわかりにくくて不親切だ!!

ちょっとした数字の工夫でだいぶ見やすく、わかりやすくなった。

来期の全社コストおよび販管費の予算（目標値）を定めた。これにより営業利益率6%を達成したい。各部署の予算立案責任者は、これに基づいて第1次予算案を作成してください。

予算大科目	上期目標		下期目標		通期目標	
	金額（千円）	%	金額（千円）	%	金額（千円）	%
材料費	605,000	24.2	648,000	24.0	1,253,000	24.1
労務費	385,000	15.4	410,400	15.2	795,400	15.3
外注費	420,000	16.8	432,000	16.0	852,000	16.4
製造経費	307,500	12.3	324,000	12.0	631,500	12.1
コスト合計	1,717,500	68.7	1,814,400	67.2	3,531,900	67.9
東京本社経費	287,500	11.5	297,000	11.0	584,500	11.2
静岡営業所経費	127,500	5.1	135,000	5.0	262,500	5.0
横浜営業所経費	130,000	5.2	137,700	5.1	267,700	5.1
名古屋営業所経費	120,000	4.8	129,600	4.8	249,600	4.8
販管費合計	665,000	26.6	699,300	25.9	1,364,300	26.1
総合計	2,382,500	95.3	2,513,700	93.1	4,896,200	94.0

のつくり方のポイント

①	要点を3つに絞って前文（要約）を書く
②	本文（前文の詳細）を書く
③	数字がからむ資料をつくる＝数字で文章の補強をする
④	図表では合計や平均値をしっかり出す
⑤	単位を忘れずに

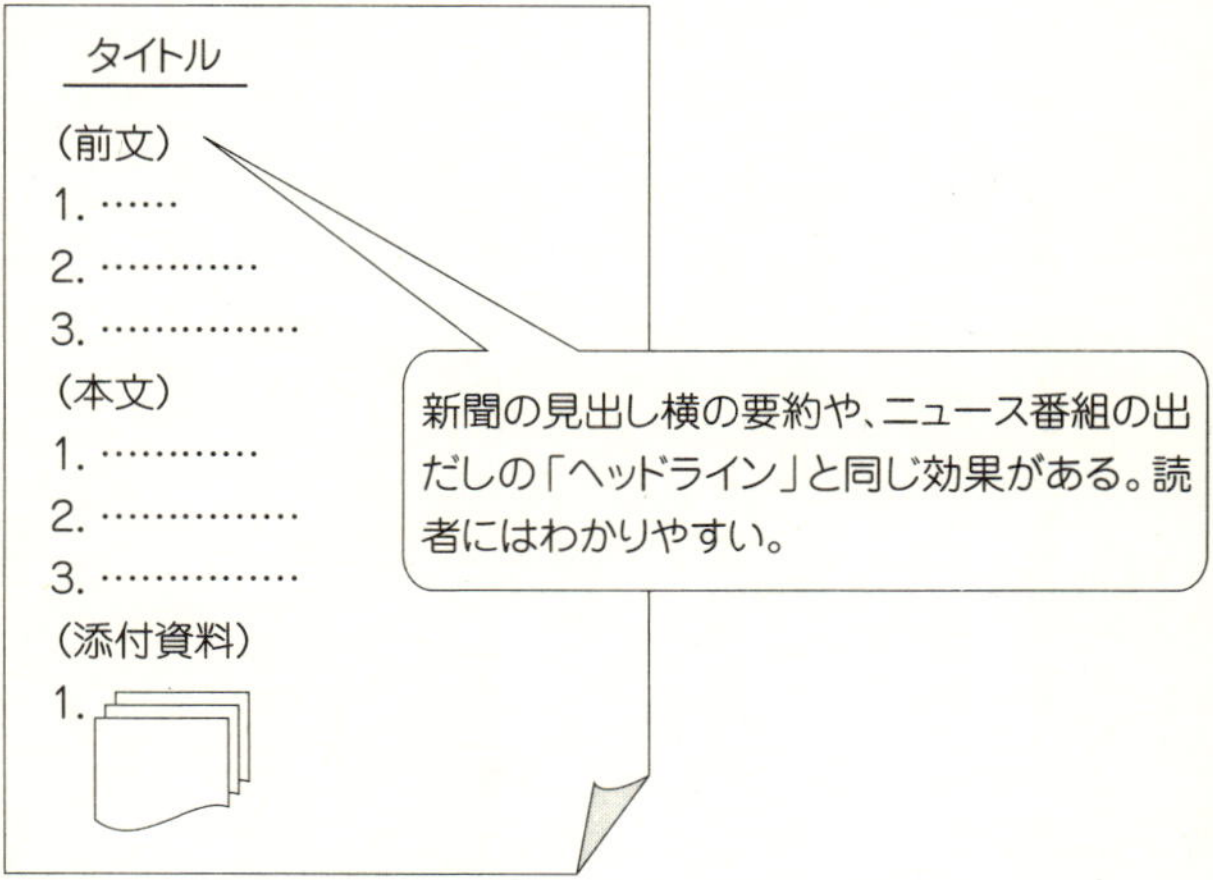

タイトル
（前文）
1. ……
2. …………
3. ……………
（本文）
1. …………
2. ……………
3. ……………
（添付資料）
1.
新聞の見出し横の要約や、ニュース番組の出だしの「ヘッドライン」と同じ効果がある。読者にはわかりやすい。

を出しておく、⑤単位を書くことを忘れない。以上5点、だれでもできる簡単なことだが、その効果の程は期待していい。

「金額の単位」にもひと工夫を

金額の単位についても一言述べておこう。

①上段右端などのわかりやすい位置に、必ず「単位：千円」などと金額単位を書いておく。

②図表の目的と、それにふさわしい単位を考える。
円単位がふさわしい資料、「千円」や「百万円」「億円」などの単位がふさわしい資料など、いろいろある。たとえば役員向けの経営資料をつくるとき、円単位ではかえってわかりづらい。会社の取引金額規模によっても違うが、どこかの単位で四捨五入すべきだ。

同様に、経営者向けの月次決算資料は、勘定科目を全部表示する必要もないので、勘定科目の集約も必要だろう。たとえば、C社では「販売費および一般管理費」の科目は25個あるが、「宣伝広告費、人件費、設備費、その他」の4科目で十分管理できている。経営者は、円単位の細かな数字ではなく、経営数字のキーポイントだけをおさえておけばよいのだ。

「計数感覚」を磨いて数字に強くなる

なにを隠そう、ぼくは暗算不得意、計算が大の苦手の数字オンチなのだが、そんなことはおくびにも出さないように日々努力している。計算が苦手でも数字力＝計数感覚（なんでも計ったり数えたりしようとする）だけ磨ければ、ビジネスで怖いものはないのだ。

これまで、さんざん脅《おど》かすようなことも述べたが、たとえ数字や数学が苦手であっても、ビジネスマンはだれでも数字を使いこなすことが可能だ、といいたい。普段から社内外問わず交渉ごとで損得勘定を頭に描いているはず。これまでのビジネス生活でいろいろな経験をしているので、じつは数字にはさんざん親しんでいるはずなのである。

数字と仲良くし、計数感覚を磨くにはどうするか。次ページで表にまとめたので見てほしい。「たいしたことはない」と思われる読者もいるかもしれないが、数字が苦手でありながら企業の税務顧問、会計顧問、株式公開準備コンサルタントとしても仕事をしている

数字センスを磨く方法

① 無用な苦手意識をなくす

だれでも計数感覚はすでに持っているのだ！

② 日常生活でなんでも損得勘定で考えてみる

勘定高くなっては困るが、思考は必要！

③ いつも電卓を持ち歩く

ぼくは暗算が苦手なので、
いつも持っている！

④ 新聞の経済欄・企業欄に毎日目を通す

気になった記事を切り抜いてみよう。
連続して追いかけるのもよい。

⑤ 数字を手書きする

パソコンではなく「手で書くと覚える」のはあなたも経験しているはず。

⑥ 余裕資金で株式投資も

ミニ投資家でも会社のオーナーだ。
ただし、リスクはあるので余裕資金で！

ぼくが実践する方法だ。だまされたと思ってぜひやってみていただきたい。

つねに身近な数字に置き換える習慣を

ほかにも、ぜひおすすめしたい数字力テクニックがある。数字が大きくなればなるほど、その数字の実感がわかなくなるが、身近な数字と比較してみるのだ。

古いデータで恐縮だが、１９４７（昭和22）年から'49（昭和24）年にかけての第1次ベビーブームの時代は、日本では毎年２６０万人のベビーが誕生した。そういわれてもぴんとこないが、一日に直すと７１２３人、1時間だと２９７人。1分間に5人の赤ちゃんが誕生したことになる。不思議と、身近で表情のある数字になってきたではないか。マクロな経済数字は、人口などで割ってみる。あるいは、自分の年収などにひっかけて日常化してみると、よく実感できるものだ。

「平成××年度の企業の一年間の交際費合計額は3兆円。このお金で４０００万円の家が７万５０００軒も建てられる」「当社の営業利益2億円は、自分の年収６００万円の33倍である」という具合に、自分なりのいくつかのものさし（この場合は家の建築費、年収）

を持っておけ、ということ。交渉ごと、プレゼンテーションなどでこうした数字をサラッと差し込めば、説得力は増すし、聞いた人の印象にも残るしで、まさに効果絶大だ。

管理部門の適正人数

株式公開準備コンサルティングの仕事をしているとよく質問されるのは、管理（スタッフ）部門の人の数のことである。

「うちには管理部門といっても２人しかいない。公開するまでにいったい何人に増やせばいいんですか」と社長。

「管理部門の仕事は、経理、財務、人事、労務、給与、社会保険、総務、庶務、広報、情報システム、法務、株式、秘書など幅広く、経理とひとくちにいっても、子会社・関係会社があれば連結決算が必要になるし、税務も必須《ひっす》です。予算管理を徹底しようとすると経営企画室のような部門も必要でしょう。公開すればＩＲ（インベスター・リレーションズ――主に株主向けの財務数値などの広報）も必要になってきます。会社の成長に合わせ全体の組織と機能を見て、バランスを取りながら増やしていくことですね。単に人数だけ増やせばいいというものでもありませんが、2人というのは少なすぎるでしょう」答えになっているのかどうかわからないが、だいたいこんな回答をすることが多い。

それにしても管理部門補強は「後回し」の感が強い。会社設立当初はどの社長でも、売上・利益のことで頭がいっぱいで、管理の人材が必要だなどと思っていない。

株式公開準備中の会社はオーナー経営者であることが多く、経営者を大別すると技術先行型か営業先行型かに分かれる。技術型社長は技術者獲得にカネを使い、営業型社長は営業社員が最も重要だという。管理先行型社長の会社など、あろうはずもない。

「管理はカネを生まないが、カネがかかる」ので、なるべく管理畑の人を雇わない。たとえば経理は顧問税理士の事務所にまかせっきり、給料事務は同じく顧問税理士か社会保険労務士事務所にまかせる。もっと原始的には、社長夫人が一人で全部背負い込むケースもある。

本質的に管理部門を重視していない、あるいは理解不足の社長もなかにはいるが、管理部門にまで回すカネがない、というのが正直な気持ちだろう。もし株式公開を目指すのであれば、「迅速・正確な月次決算および本決算を」が最低必要条件なので、それが可能な態勢・人数にしなくてはいけない。

みなさんも、自社あるいは関係している会社の管理部門の人数を見極めることによって、ビジネスキャリアを積んでいる分だけ、その背後にある意味を読み取ることが可能だろう。「管理は管理を必要とし、いつの間にか肥大化する」こともあるので、もし発見したら経営者に進言すべきだ。

有価証券報告書は情報の宝の山

以前は、上場企業が毎年決算後に公表する有価証券報告書には組織図のページがあり、その管理部門の構成を見ればよかった。現在はそのページがなくなったので、企業各社のホームページや、有価証券報告書の役員略歴や従業員の状況から推測したり、大企業の組織について書かれている書物や雑誌を読むしかない。

付言すると、有価証券報告書はかつては株主総会の2ヵ月後に官報販売所で販売されていたが、現在では金融庁の電子開示システム「ＥＤＩＮＥＴ」で決算総会後すぐに開示される。情報の宝の山（しかも閲覧は無料）なのでぜひ、インターネットで見てほしい。

管理部門が簡素な場合ほど、営業や製造などのライン部門が経営数値をしっかりと把握し、分析・説明しきれているとは考えにくい。実際は、その逆の場合が多いようである。

組織と役員の数も話題になるときがある。

先代社長である父親の時代に論功行賞的に役員を増やしていき、自分が社長になってからも辞めさせることができず、さらに自分の片腕を役員にしてきたために異常に役員が多い会社。合併をくり返すたびに役員数が増えていく会社。いろいろある。なんのための役員か、社員は幸せだろうか、と考えてしまう。

多すぎるのは判定できないことはないが、逆に、少なすぎるのはなかなか断言できない。「小さな管理組織」を尊重して少数精鋭志向なのはいいと思うが、社長に仕事が過度に集中している会社では、「社長にもしものことがあったら……」と考えないのだろうかと心配になる。バランスが難しい。

経理部（財務部は別にある）の人員が２００名以上いる上場会社の例。会社単独の経理だけでなく、世界各地に現地法人や工場を持っているため、連結会計をやる必要があり、為替も日々変化するので把握がたいへん。決算時には全員睡眠不足の日々がつづく。10年ほど前の話になるが、大手のコンサルティング会社の指導で、半年かけて半分の１００名にする案を作成し、それからまた半年かけて削減策を情報システム化とともに実行していった。経理部削減の要点は、どの現場でも経理をする、つまり各現場での「分散処理型」にすることである。

営業が経費を使った。これは従来だと、営業マンが領収書に上司の認印をもらって（稟《りん》議《ぎ》書か経費仮払精算書の場合もある）経理にそれを提出し、経理が仕訳《しわけ》を起こす。新しい仕組みでは、使った営業マンが経費の精算画面を操作し、上司のチェックを受けると、コンピュータ上で仕訳が完了する。経理担当者は仕訳のチェックや月次決算、統計・分析資料づくりに専念できる。最終的には、新システム稼動のあとに１００名以下に減り、減員対象の経理マンは他部署や国内外の関係会社へ異動したそうだ。

「統計数字」はつねに恣意的なもの

数字は、使い方によっては武器にもなるし、凶器にもなる。

武器や凶器などといかにもおおげさだが、それだけ数字は大事だし、単純には扱えないものなのだ、ということをいいたい。数字は尊重すべき大事なものだが、限界もある。裏に隠された真実をつかむには、その数字に至った過程・状況の把握が欠かせない。さもなければ、悪意ある人の出してきた数字でだまされてしまうことにもなるだろう。

たとえば「失業率が5％を超えた」と報道されるとき、あなたはそこに恣《し》意《い》的なものを感じ取ることができるだろうか。

なぜ失業者が悪者、もしくは失業することが悪いことのような響きで報道されるのか。

そもそも、その「失業」という言葉には、すべての対象者が正しくカウントされているのか。次の人たちが、仮にその数字に含まれているとしたらどうだろうか。

①自分の意思で正社員を辞め、大学や専門学校で勉強し直している人

②短期のアルバイトを重ねながら作家や画家を目指し努力する人

③非人間的な満員電車が嫌になり定年前に退職し、田舎でゆっくりと節約しながら質素に暮らそうと考えている人

④農業をやろうと脱サラした人

⑤夫婦共稼ぎだったが40歳で早期希望退職に応募し、そのまま専業主「夫」となった人

この場合の「失業」の統計数字は、裏にいろいろな人々がいることは無視している。も

し、このような人ばかりだとすると、ぼくの価値観では失業率は「積極的なよい数字」ということになる。統計の数字は鵜呑《うの》みにできない。数字は注意して読み、使う必要がある。

たとえば、40代はリストラの対象になりやすい年代でもある。「40歳以上は希望退職に応じてくれれば、退職金5割増」などという条件を耳にする。経験豊富な人材が「人財」として評価されるのではなく、「人罪」のレッテルを貼られるのだ。

ビジネスキャリアを持ち、人脈もあり、総合力・応用力に優れていればどこに行っても大丈夫。そう思える人はさっさと退職し、他社に就職するか自分で起業するかすればよい。そう思えなければ、40歳以上がなぜこのまま勤められないのか、役員と話し合うべきだ。経営者になったつもりで、経営数字の裏に潜《ひそ》むものを見ながら交渉したい。どんな数字も鵜呑《うの》みにせず、疑問を持って納得するまで質問すべきだ。

「失業率5％」という数字には裏がある!?

失業の統計数字の話に戻ろう。

実際のところ、総務省が毎月発表している「完全失業率」は、「働く意欲もあり、就職活動をしているのに仕事に就《つ》けない人」を調査し推計している。仕事を探していないと「働く意思がない」として非労働力人口とみなされる。前述の事例の人たちは、この失業率にはもともと含まれていないのだ。

仕事探しをあきらめてしまった人をこの率に加えると、10％は間違いなく超えるだろうともいわれている（日本経済新聞、２００２年5月3日付）。日本の失業率の数字は、非常に厳しくとらえたものなのだ。小学校の1クラスには、少なくとも3～4人の失業者の親がいる勘定になる。

マスコミはなにをどのように伝えるべきなのか、情報の受け手はどう受け止めるべきか。政治家はこの数字を使ってどのように政治を行いたいのか、国民はどう判断すべきか。数字の判断は難しい。それは数字という記号の背後を読み取らねばならないからだ。

逆に、だからこそ、数字の裏を読み取れれば武器にできる、と思ってほしい。なかなか裏までは読み取れない。しかし、だれよりも先んじてその眼力を備えれば、自分の意図に合わせて、さまざまな数字、統計、予測値を自在に操《あやつ》り、たとえば説得・交渉の武器とすることができる。

「黄金分割」の交渉術

NHKの人気番組に「プロジェクトX」というドキュメンタリーがあった。２００２年4月16日「運命のZ計画――世界一売れたスポーツカー伝説」が放送された。

１９７０（昭和45）年に登場した日産フェアレディZは、発売後アメリカ市場をまたたく間に席巻《せっけん》し、スポーツカーとしては世界一、１４０万台の売上を達成した。開発の陰で、もともと日の当たらない部署で仕事に励《はげ》んでいた人々の秘話を特集していた。

大衆車が主流でスポーツカーは売れないといわれていた時代に、アメリカ販社社長の命を受けプロジェクトを組んだ、遊園地のゴーカートを設計していた若手デザイナー、バキュームカーなどの特殊車両専門の設計者、そして子会社の技術者たちが主役である。

日本刀をイメージして描いたという斬新で低い流線型のデザインは、地上高１２０センチしかない。部品を設計する技術者は、「あと１００ミリ高くしないと、エンジンが収まらないし、背の高いアメリカ人が運転席に座れない」とデザイナーに詰め寄った。なかなか首を縦に振らないデザイナーに、部品設計者は「60ミリだけ高くしてくれ。このサイズにすればアメリカ人の97・5％が運転席に座れる。40ミリは設計でなんとかする」と、徹夜ではじき出した統計資料をもとに交渉する。デザイナーはこの数字に納得し、デザインを変更し、その後の開発が進み出したという。

ここから先はぼくの想像だが、熱意を持った数字（統計資料）と、１００のうちどうしてもこちらサイドの努力では無理な「60だけ折れてくれ」と頼む真摯《しんし》さに打たれたのではないか。そして、40対60というのはなんと黄金分割に近いのだろう、と感じたのは考えすぎか。

ちなみに黄金分割（あるいは黄金比）とは、数学の世界では昔から「美しい比」とされているもの。長方形でいうと、縦と横の比が2対$1+\sqrt{5}$（概算で2対3・24）であり、パルテノン神殿の柱の形、国旗や名刺もその実例として登場する。見た目の美しさよりも、正五角形の線分の比などいろいろな場面に登場し、「数学の構造がもつ美しさをうまく引き出すこと」ができるという意味で、美しいとされていたようだ（『考える力をつける数学の本』岡部恒治著、日本経済新聞社）。

これからのビジネスマンの数字的センスとは、割り切れないけれどもかぎりなく美しい数字の魔力を知って、それを使いこなすことができる、そんな能力なのだろう。「黄金分割」の交渉術を駆使《くし》し、自分もビジネス相手も、ともに幸せになろうではないか！

おわりに

数字とは、なんらかのものさしに照らしてつくられた活動結果そのもの、あるいは指標である。

数字力とは、その数字をビジネスのなかで意思決定、交渉、指示・命令、コミュニケーションの道具として、有効・適時・適切に使える能力のこと。たとえ過去の数字であっても、未来を予測するための道具に転用すべきである。言い方を換えると、数字力とは「未来を引き寄せるためのデザイン力」なのである。

ビジネスで達成感を味わい、成功したいと考えたら、この数字力を持てば鬼に金棒だ。あとは会社の成長スピードにどう合わせていくかを考えればよい。

ビジネスの世界で数字を知ることは、まずはその数字が出てきた背景や過程を理解すること。次に数字で表せない限界を知ること、といいたい。数字を算出するための「ものさし」次第で善悪、成否の区別がついてしまうこともしばしばある。じつは、数字は万能ではないし、絶対的なものでもないのである。

数字には、出てきた背景に人間の喜怒哀楽があることを知るべきだし、同時にものさしの正しさも吟味《ぎんみ》すべきだろう。「数字」そのものに接したときの最初の反応（直感）も大事にしたい。積極的に数字に向き合うと、きっとなにか見えてくると思う。

本書を書き進めるなかで、これからのビジネスマンに必要な具体的な「数字力」とはなんだろうか、ということを考えた。いま、思いつくままに羅列《られつ》してみる。

①単なる1つや2つの数字だけの先入観や単純比較で、判断しない。ものの見方にはいろいろな角度があるのだ。

②難しいことは専門家にまかせる。自分が納得するまで聞き、数字の裏付けのもとで自分の責任で判断する。

③数字と切っても切れない関係にある「時間」を、絶対に無駄にしない。

④数字は「幸せをつかむための道具」という認識のもとに行動する。

⑤会社が成長段階のどこに位置しているのかをつかみ、次の段階に進むたびに、自分の数字力も一歩前進させる。ビジネス環境の変化を敏感にとらえ、自らも進化し行動す

るよう努力する。

⑥トラブルがあっても、トラブルは自分を鍛えてくれる、と考える。

いつの間にか脱線してしまったが、ひょっとしたら「数字力」とは「生き方」に通じるのかもしれない。

ビジネスマンはいろいろな経験を積んでいるし、広範囲にネットワークを持っている。すでに存在する自分の数字力に自信を持ち、ビジネスそのものを数字力の観点から見直し、「このように行動したら、こんな結果となるはず」と未来を呼び込んでしまう、そんな人になっていただければと思う。数字は、行動すれば必ずついてくるのである。

さあ、いまここで、本書の冒頭で紹介した「ビジネスマン数字力チェックリスト」にもう一度挑戦してほしい。いかがだろう、点数はアップしただろうか。まだ理解できなかった部分もあるかもしれない。次に掲げる設問ごとの個別解説と合わせて読み、さらに理解を深めていただきたい。

〔ビジネスマン数字力チェックリスト◎個別診断〕

①ビジネスの世界では数字は、行動の結果、あるいは評価の道具としてだけではなく、未来予測の道具としても重要である。数字なくしてビジネスは語れない。

②数字は、コミュニケーションや交渉の道具として非常に重要な役回りを演ずることが、よくある。いままで何度設備投資の重要性を稟議《りんぎ》書に書いても、経営者は認めてくれなかったが、「全部の費用が設備投資のおかげでこのようになって、結果的にいくらのコストダウンにつながる」というふうに数字で語ることにより承認された、などという例は多い。

③決算書は、会社の事業活動の結果を金銭という「数字」に表した、いわゆる成績表である。人事評価も数字で表すことが多い。単純明快な数字というもので表すことにより、記録、情報伝達、比較検討、分析などのビジネス行為自体に役立っているのだ。M&A（企業の合併・買収）のときには、決算書に載っていない技術力や人材（人的資産ということもある）、立地などを金額的に評価することもある。

④どんな仕事をするときにも計画（プラン）して、実行（ドゥー）して、それをチェックする。そして行動を修正（アクション）する。この「PDCAサイクル」は、ビジネスの基礎である。

⑤複雑に絡み合った問題をマトリクス（行列）の箱に書いて解きほぐす。課題をそれぞれ2つの次元、「時間と数量」「利益率と売上高」「顧客との距離と営業時間」などの観点に分けてとらえる。たとえば「時間と数量」であれば、「列」に時間の「長い・短い」を書き、「行」に数量の「多い・少ない」を書いて4つの箱をつくり、交わったところにその内容を書き込む。その4つを比較するといままで見えなかったものが見えてくる。

⑥時間は有限であるがゆえに、無駄に使いたくない。自分や周りの人々が幸せになるために有効に使いたいと思う。同時に、ビジネスマナーとして「時間に正確に」は当然のこと。また、「時間＝金利」という概念も忘れずに。

⑦お金は有効に使ってこそ価値があるもの。使う前に予測した効果が、使ったあとに出ているかもしっかりチェックすることが大切。

⑧資料の数字や金額の合計をつねに出しておくのも、トータルコントロールのひとつ。

仲間が大勢で喫茶店に行って注文するとき、紙に書く。ばらばらな注文だが、間違えないように最後に必ず全員の数を数えて、紙に書いた注文合計数と合わせる。これもその一例だ。数字が絡《から》む資料の場合には、連続番号をつけることと、合計や平均値を出しておくこと、単位を書くことを忘れずに。

⑨大きな仕事（目標）の場合には、計画段階でいきなり完成させるまでの道のりをつくるのではなく、３段階程度に分け、それぞれの段階で「設問④」で出たＰＤＣＡサイクルを回すのだ。

⑩間違えるのは同じ箇所、同じ条件、同じタイミングのことがよくある。間違いを発見し修正するのにかかる時間は、意外とバカにならない。「あっ、間違えた」とばかり、単純に資料の数字を修正するだけではなく、原因究明と対策が大事。

⑪数字の間違いを修正する場合、どの数字をどの数字に修正したかの痕跡（記録）を残すべきである。修正した数字がまた間違えている可能性もあるし、修正する行為への「承認」も痕跡がないとできない。

⑫数字の記録、たとえば在庫受払帳はつねに最新データでないと意味がない。会社のインターネットのホームページで売上高や従業員数などが何年も前のものだと見る

気がしなくなる。

⑬「設問②」の趣旨と同様、数字はコミュニケーションの道具や説得材料になる。しかし、一方では使い方を間違えると「騙《だま》し」の凶器にもなる。数字に振り回されないようにすべきだ。

⑭給料が高い人たちの出席する会議ほど、費用対効果が大きくないと、その会議を開く意味はない。

⑮あらゆる業種、あらゆる部門で原価計算は必要だ。たとえば営業マンのつくる見積書、その前提となる見積原価計算書や実行予算書などで見込んでいた粗利《あらり》がちゃんと現実に出ているか。実際の決算書でその粗利が実現していなければ、どこかの段階で原価計算が間違っているということだ。

⑯「売上」から「売上原価と販売費一般管理費」を差し引いた残りが営業利益。この単純な「損益構造」が自分の会社ではどうなっているのか。売上がゼロでも、どんな原価・経費が発生するのか。装置産業なのか、労働集約型産業なのか。コントロールすべきなのは操業度なのか、売上数量なのか。どんな部署にいても、自社の損益構造の弱点をわかっていて行動すると、対策も見えてくるはず。

⑰最低でも強気と弱気の2通りのケースを考えておけば、意思決定の方法としては間違いがない。弱気のケースで、もし設備投資しても「最大この程度の損で済む」と考えられれば投資するものだ。

⑱自社の決算書だけでなく、競合他社や他業種のそれも経営分析の要点だけでもわかっていると、経営参謀になれること請《う》け合いだ。

⑲会社の利益（所得という）に課税されるのは法人税・住民税・事業税だが、これらの実効税率は約4割（以前は5割だった）。資本金が大きい会社だったり、一定限度を超えると交際費は税法上、経費にならないためだ。

⑳評価の結果出てきた数字、原価として集計された数字、決算書として表れた数字はすべて、あらゆる仮定、いろいろなものさしの上に成り立ったもので、唯一絶対のものではない。単なる意見として聞いておけばよいものであったりもする。数字の裏側に潜《ひそ》む背景・条件などが見えるようになると、「数字の天才」といわれ尊敬されることだろう。

ぼくたちは数字のために働いているのではない。自分たちの仕事をさらによいものとするために、数字を使うのだ。いま紹介した20の視点を持ちつづければ、次第に数字があなたの味方になり、役に立ってくれるようになることだろう。

本書は、数字に悩めるビジネスマン諸氏のために、できるだけ専門用語を使わず、数字や数式を最小限に留めたいと考えて執筆したが、やはり難しい面もあった。まったく数字を使わずに（?）平易な言葉で説明できるとよかったのにと思うが、類書とあまり違いのないものになった部分もあるかもしれない。数字にまつわるといいながら、関係のない脱線があったのも事実だ。

いわゆる「会計や経理の本」ではないのでなんの体系化もなされていないし、こじつけも多い。当然、抜けもあるし、ビジネス生活すべてに関わる数字力を取り上げているのでもないことをお断りしておく。

また、「なにを幼稚な、読者をバカにするな」と思われる箇所があったら、入門書たらんと著者が稚拙な努力をした結果とお許しいただきたい。ぜひ、それぞれの専門書をしっかりと読んで、今後ますます数字力を磨いていただきたい。

「数字は味気ないが、おもしろい」あるいは「数字が万能ではないことがわかった」と思っていただければ幸いである。読者諸氏のご批判をお待ちしている。

本作品は２００２年9月、小社より刊行された『数字で考えるとひとの10倍仕事が見えてくる』を文庫収録にあたり、改題のうえ、加筆・再編集したものです。

安本隆晴―1954年、静岡県に生まれる。早稲田大学商学部卒業。公認会計士・税理士。株式会社ファーストリテイリング監査役、アスクル株式会社監査役、株式会社リンク・セオリー・ホールディングス監査役。朝日監査法人勤務、株式会社ブレインコア取締役を経て、静岡市で安本公認会計士事務所を開設し、現在に至る。株式上場準備コンサルタントとして「ユニクロ」の大躍進を陰で支え、個人事業から零細・中小企業、大企業まで、規模の大小を問わず、各種企業の経営コンサルティング、税務相談、ときに人生相談まで行いながら奮闘中。
著書には、『「ユニクロ」! 監査役実録』(ダイヤモンド社)、『火事場の「数学力」』(商業界)、共著書には『熱闘「株式公開」』(ダイヤモンド社)などがある。
●e-mail:takay@blue.plala.or.jp

講談社+α文庫 図解《ずかい》 仕事《しごと》以前《いぜん》の会社《かいしや》とお金《かね》の常識《じようしき》

安本隆晴《やすもとたかはる》

2006年5月20日第1刷発行

発行者――野間佐和子
発行所――株式会社 講談社
東京都文京区音羽2-12-21 〒112-8001
電話 出版部(03)5395-3530
販売部(03)5395-5817
業務部(03)5395-3615
装画――ネモト円筆
デザイン――鈴木成一デザイン室
本文組版・図版――朝日メディアインターナショナル株式会社
カバー印刷――凸版印刷株式会社
印刷――慶昌堂印刷株式会社
製本――有限会社中澤製本所

落丁本・乱丁本は購入書店名を明記のうえ、小社業務部あてにお送りください。
送料は小社負担にてお取り替えします。
なお、この本の内容についてのお問い合わせは
生活文化第三出版部あてにお願いいたします。
Printed in Japan ISBN4-06-281023-9
定価はカバーに表示してあります。